暮らしに生かすカウンセリング

ロジャーズ派カウンセリングの英国から

畠瀬直子 著

誠信書房

目次

II 学生のためのカウンセリング

はじめに

カウンセリングを暮らしに生かす英国

私たちの社会はカウンセリングを市民生活に役立てようとさまざまな試みを展開しています。ただ、人の深いところでうずいている心の痛みに向き合う仕事はたやすく実践できることではありません。日本では、戦後、深い心の痛手に苦しむ個人への心理的援助を進めようとカウンセリングが導入されました。今日、カウンセリングが広がった背景には、先人の大変な努力があったのです。カウンセラーの資格もカウンセラーが活躍するポストも不備ななかで、まさにカウンセリング発展に情熱を傾け道を開いた人びとの活動は永久に忘れてはならないでしょう。

大学から六か月間の調査研究を許された私は、英国という老大国でのカウンセリング展開をテーマに選びました。大学と姉妹協定のあるロンドン大学SOAS（School of Oriental and African Study：日本人がよく訪れる大英博物館の近くにある評価の高い大学です。ロンドン大学というのは、学生数六万人を擁する市内に散在する大学の総称です）に受け入れてもらい、調査研究の体制が整いました。

私は平和な二十一世紀を夢見て子ども時代を過ごしていたので、二十一世紀が始まった年にイギリス生活をすることが何か不思議で、大きな喜びにつつまれていました。ところが、出発直前になってニューヨークでテロ攻撃が発生しました。平和な二十一世紀を願う人類の夢が無惨にうち砕かれた時に、英国に旅立つことになったのです。ものものしい厳戒態勢を敷くロンドン空港に着いたのは九月下旬です。

暗さを支えぬく明るさを構築するのがカウンセリングの仕事だと、私はよく考えます。テロ攻撃によって、とうてい一人では立ち向かえない、内面から噴出する恐怖感を受け止める厳しい課題がカウンセリングに加わったのを感じながら、カウンセリング実践を尋ねる旅が始まりました。

住む家を、ロンドンのキングスクロス駅から快速で四十五分の、学問の都ケンブリッジに見つけ、市民生活を体験することも大切な課題に入れこみました。人間が生きる臭いのないカウンセリング探訪ではつまらないからです。そこで、まず初めに、私がイギリス生活で印象深く感じたことを知っていただきたいと思います。

動の中に静が漂う

イギリス社会は、日本では想像もできない世界史の激流のただ中で揺れ動き続けています。そして議会制民主主義発祥の国らしく、人びととの議論好きといったら本当にすごいです。人びとは激流のなかにあって、疲れた表情を見せず、えんえんと語り合っています。あらゆるところにパブがあり、市民交流の場になっていますが、パブは妙に椅子が少なくて、まるで混み合った電車の中みたいで、人びとはビール片手に立ったまま話に花を咲かせています。ともかく、英国人の騒々しさはもの凄いです。がっしりして体格が良くて、簡単にエネルギー切れにならないし、彼らと対峙して交流を深めるには、まず体力作りが必要な気がしてきます。私がかつて刻んだ紳士イメージとはほど遠く、ここは働く人の国、労働党から首相が出ている国です。ローマ人がロンドンを築いた昔から、世界中の人びとが住んでいて、文化的にも複雑でダイナミックに変動し続けている社会でもあります。

それなのに、遠い昔から変わらない重厚な伝統の香りを漂わせています。不思議でなりません。古いものを愛をこめて残すからなのか……。市民の歩みを正確な記録に残し続けたおかげなのか……。あるいは、ケンブリッジ大学のように、一日も休むことなく八百年という時を刻んで研究に邁進している大学も健在なためか……。生活体験として感じられる静と動の調和、激変する世界史のただ中にいる感覚と揺るがない静的安定感の調和がとても不思議で、貴重に感じられます。

日本のカウンセリング現場でよく語られる本音のひとつに、変化というのは、祖先たちが蓄積してきた変わらざるものを破壊するのではないか、という恐怖感を伴った疑問があります。戦争が終わったとき幼児だった私などは、日本の原風景・心象風景に破壊され尽くした都市の無惨な姿があるので、果たして自分がこの国の二千年の文化史を吸収できたのか心細い思いがあります。もうこれ以上壊してはいけないという思いがあります。

市民が一日一日をダイナミックに変化しながら生き抜くところに静的重厚さが漂うというイギリス風の暮らしは心地良いものです。心理的拠り所を与えてくれます。貴重なヒントを得たと思います。

語り合いを楽しむ

一人暮らしを始めて周囲の人びとをそっと眺めると、おだやかな語り合いを楽しむ姿が見えてきました。どうも親である、お母さんである、育ててもらっている、あるいは上役である、部下であるといった、縦型でない関係性がうごめいているようです。アパートが見つかるまで朝食つきの宿で過ごしましたが、新学期だったので、地方から、あるいはフランスやドイツから子どもを見送ってきたらしい家族と一緒になりました。

朝のひとときを楽しそうに語り合う、肩の力の抜けた、縦社会につきまとう役割から解放された姿がまぶしく感じられてなりませんでした。この水平な関係性は、暮らして初めて見えてきた部分です。もちろん、激変する社会とともに人びとが学び取った関係なのでしょう。私が初めてイギリスに来たのは、イギリス病と呼ばれた経済危機に苦しんでいたときで、日の出の勢いだった日本人旅行者に注がれるまなざしは厳しく冷たかった記憶があります。東洋の成り上がり者を上段から見る雰囲気だったと記憶しています。

二十一世紀を迎えたイギリスは、暮らしにとけ込んでみると、過ごしやすい人間関係があって、意外な感じがしました。スーパーマーケットでは客とレジ係がおしゃべりをしています。おじさま方が立ち話に興じています。赤ちゃんには、たくさんの人が笑いかけます。私がくしゃみをすると、「ガッド・ブレス・ユー」(神様のお守りがありますように)という言葉が飛んできます。

水平な関係性の構築はカウンセリングの基盤です。人は自分より立派に見える人には本能的に警戒して身構えます。それでは問題を見つめ合うことさえできません。深く埋もれてしまった可能性が開花できないのです。

ところで、日本社会にも水平な人間関係はいくらでもあると思います。地方を旅していると敬語をまったく使わない地元の言葉で迎えられることがあります。肩を張って無理して相手を立てている関係性が感じられません。でも、なんだかあか抜けしていなくて現代風でありません。ここが残念でなりません。若者を惹きつけないからです。若者は、都会に出てきて、縦社会の関係性を学び取って、現代を生き抜けると安心しているように見えます。かくして、皆の緊張が高まり、気楽な本音はしまい込み、心がくたびれているのです。

質素な施設を使い切る

カウンセリングのための施設については、旅日記風に順次レポートしていきます。ともかく古い質素な施設をリサイクルして使っているのには感心させられます。日本なら防災対策上許可されないと思われる施設が活用されているのです。外見を気にせず、質素に実践を展開している姿が、私にはまぶしく貴重に思えました。よく考えると、人と人が出会う空間はささやかで十分です。ロケーションが良くて、気軽に行ける場所にあるのがなによりです。巨額な予算を使ったら、それに見合う成果をあげる必要が出るかも知れません。クライエントに負担でもかけたらマイナスにしかなりません。一時私は、日本に帰ったら使節団を企画してイギリス案内をしたいと真剣に考えました。古いものをお金をかけずにそのまま使うやり方を見てもらうのが、日本社会に必要な貢献になると考えたからです。

質素なたたずまいで、多くの市民にカウンセリング・サービスを提供するイギリス流は参考になります。世界全体はまだまだ貧しいのですから。

耳を傾けてもらえる

未熟な英語力で一人暮らしをしていると、私に耳を傾けてくれる行為は愛そのものだと思いました。ゆっくり耳を傾けるゆとりのない国から来たせいか、妙に考えさせられました。感動し、感謝ばかりしていました。日常生活で耳を傾け合うゆとりがあってこそ、深い揺らぎを心の奥に見出したとき、専門家に聞いてもらおうと自然に思えるのではないでしょうか。

耳を傾け合うためには、周囲の人びととの待つ姿勢が必要条件になります。たとえば、ラッシュアワーに、切符を買うために窓口で駅員にあれこれ質問することなど、日本では顰蹙《ひんしゅく》を買いそうで身が縮む思いがします。ところが、イギリス人は、自分の前でもたもた質問をする人間がいても、信じられないくらい悠然と待ちます。駅員も嫌な表情を浮かべないで、聞き取りにくい日本語なまりの英語に耳を傾けてくれます。

その代わり、行く先々で行列に出くわします。見方によっては効率悪く見えます。しばらく生活していると、ゆとりを持って行動計画を立てるようになり、イギリス流になってくるのです。日本人は少し影響を受けた方がいいかも知れません。

自分の声に耳を傾けてもらえるこの安心感は、行政と市民の間にも認められるし、教師と生徒、教師と父兄、上役と部下など、あらゆるところに認められます。日本のように、頭を下げてお願いして聞いてもらったりする必要はないのです。

博物館でよく子どもを連れた教師を見かけましたが、教師たちが子どもとよく話し合うのも印象的でした。見学に来たのではなくて、明らかに勉強に来ています。博物館の学芸員と子どもたちが語り合う場面もよく見かけました。自分の意見に耳を傾けてもらえると信じ切ってのびのび話す子どもたちの姿に、ディベート力、つまり激論を闘わせて合意点を導き出す能力を育てるプロセスを目撃した思いがしました。

村が残り、伝統継承の落ち着きが漂う

ロンドンを出た列車は、三十分もすると、のどかな田園地帯にさしかかります。驚いたことに、そこには村々が実在しているのです。

臨床心理学研究者という目で、イギリスを包む心理的落ち着きの源流を探して、訪ね当てたのも、

村の実在でした。イングランド、ウェールズ、スコットランド、歴史は異なるのに村の継続は同じです。湿地にやってくる鳥たちを蛋白源にしていた文化を持つ村は、オランダ型の干拓文化で生きる村と闘ったようですし、イギリスの文化がひとまとまりの普遍性を得るまで村人は自分たちで生活を守ったようです。日本と同じ島国と言っても、泳いで渡れるところに大陸があるので、異文化の侵入が激しく、これと闘った村々の誇りは、わが国とは異なっています。日本の村も残ってほしいなどと言いたいわけではありません。ただ、文化が伝承され、民族としての誇りと自信が漂っていることが、激変を生き抜く現代人には大切であり、これは学者などが醸し出していけるものではなく、その地に生きる人から人へと脈々と伝え蓄積していくものだと思い知らされた気がします。

大学進学者の少なかった時代に国立大学を卒業した者は、日本を他国に負けない国にするという課題を背負わされたような記憶があります。貧しい時代に国民の血税で学ばせてもらった恩に報いる責任を諭されて卒業した記憶があります。私なりに努力して語学力をつけ、異国を訪ね歩き、一度は人類史上例のない大帝国を築いた人びとが、質素で汗を尊ぶ文化を取り戻した落ち着きの源流が、村々に残る質素で逞《たくま》しく生きる人びとの姿だったとは愉快でなりません。

ひとりの人間としての誇り

私たちがひとりの人間として深い誇りを感じるということは、一生かかって手に入れることであり、その意味では、私たちは未完のプロセスを生きていることになります。ただ、その誇りが育つようにと愛のまなざしを注ぐ態度が、イギリスの市民生活に定着しているのを発見しました。自分の未熟性を披瀝し、自分はたいした人間でないと申し立て、相手を立て、相手に対する恭順を暗示しないと、人間関係がぎくしゃくしてしまう私たちの社会とはひどく異なっています。ひとりの人間としての誇りを、どんなに幼くても、どんなに力弱くても、堂々とアピールするのがイギリス流なのです。

当然のことながら、幼い子どもへの接し方から異なっています。「いやっ！」と自己主張を始めるのは二歳ぐらいですが、頭ごなしに叱ったりせず、実に根気よく親の立場を説明します。もちろん、子どもの方も主張します。

もっと大きくなると、「あなたは、ママをマニュピレイトしようとしている（思いのままにしようとしている）わ。それは駄目なの」と根気よく言い聞かします。子どもの主張は理解できても、泣くという手段で、自分の思いを通すことは許されないことだと諭し続けるのです。泣くという脅しは、人間として許されない。怒鳴るという脅しは、間違いとして懇切丁寧に説明されるわけです。

言うことを聞かないと退校処分だぞ、職場から追い出すぞという脅しも、この国では否定されるでしょう。相互の約束事は理性的話し合いと合意形成でなされることであり、人間の力関係で暴力的に決定されることではありません。人間としての誇りが守られるところから漂ってくる落ち着きは、成熟した社会のありようを指し示しています。

かつて精神医学者の土居健郎が、日本人の心理構造に深く刻まれた〈甘え〉と表現できる特性を指摘しました。自分の意見が通らないと〈気がすまない〉という心理的葛藤は、そこから生じています。クライエントが苦しんでいるのは、そこにあると報告しました。イギリス流では、この〈気がすまない〉という心理的葛藤を乗り越えていけるようなアプローチが文化の一部となっています。

この国に住み、この国の人びととごちゃごちゃ混じり合って生活していると、自分を律することは、幼いときから、少しずつ自然に何の無理もなく身につくものであることに気づきました。自分の思い通りに相手が動いてくれないと拗《す》ねてしまうような〈甘え心〉は、少しずつ自然に克服していけるのだという自信をもらいました。

I　子どもをめぐる状況

1　遊びと笑いとナンセンス

まるで、「子どもには遊んでもらいます」と固く決心でもしたかのように、イギリス人は子どもを遊ばせています。子どもたちには陰りがなく、底抜けに明るいのです。

列車の中でよく見かける中学生たちも、ほんとうによく笑います。女の子まで、豪快に笑います。そのことを、大人はうるさく感じないようです。突然乗り込んできた中学生のために騒がしくなっても、平然と読書を続ける人びとの姿は、「かまわないよ。笑うのはいいことさ」と言っているようです。豪快に笑う女の子には少し驚かされますが、その姿はまぶしく羨ましいです。日本で、悲しみを心の奥深く閉じこめた子どもたちに出会い続けてきたせいかも知れません。

小さい子どもたちはたくましく、骨太でいささか乱暴です。住宅街にも市民の憩いの場になっている大きな公園にも、思いっきり暴れることのできる遊び場がいっぱい作られています。可愛らしい遊具のある、木くずを敷き詰めた安全な遊び場。芝生の美しい広場やちっちゃな丘。触ると痛いラズベリーや雑草の生えた空き地。遊び場の種類もさまざまです。魚釣りのできる川辺、小鳥がやかましいほど騒いでいるサンクチュアリ。手入れのしていない雑草だらけの草地に入ってみると、人の踏み固めた小道があり、歩いていると、犬を連れた紳士や靴をどろだらけにした子どもに出会います。

狩猟民族時代のなごりなのでしょうか、親は子どもを連れてよく歩きます。子ども連れの移動が苦にならないらしく、どこにでも連れ歩いています。生まれたての赤ちゃんを連れて歩く若いカップルもよく見かけます。日本ならヤンママと言われそうな若い親もいます。赤ちゃんたちは「可愛いね」と声をかけられ、若いお母さんたちは誇らしげです。日本のような出生率低下が起きていないので、子どもの姿がどこにでもあって、社会全体に活気があります。二十一世紀初頭のイギリスは、百年前のこの国がそうだったように活気に満ちているのです。

したがって、子どもの心のケアは最優先課題にはなっていません。これは嬉しい発見です。

もうひとつ心がなごむのは、子どもの読み物が豊富なことです。たとえば、アリストテレスもニュートンも、お釈迦様だって、「○○さん」という風に自然に親しみを持てるような読み物がいっぱいあります。ですから人類の宝といえる人びとに親密感が持てます。お勉強として頭に刻み込む代わりに、親しい隣人として心に刻むわけです。これなら、博物館に行っても、美術館に行っても、お勉強という息苦しさから解放されて楽しめます。

さらに、ピーター・ラビットにクマのプーさん、ハリー・ポッターといった曇りのない童心を持ち続けられるようなメルヘンが豊かです。暗い長い冬を元気に乗り切るために生まれたのでしょうか。

一番分からないのは、ナンセンスな笑いを大切にすること。私の脳裏に河合隼雄さんの笑い顔が浮かびました。私の知る昔の河合隼雄さんは、若い後輩を笑いの渦に巻き込んでいました。私たちはナンセンスな駄洒落にわけもわからず笑わされました。ともかく、ナンセンスは意味などないから笑うしかありません。ただ、笑うだけ。そのただ笑うだけが、この国ではとても大切にされています。たとえばトークショーでは、老いも若きも、ただただ笑う。これはもう、生真面目な私にとってはミステリーです。

ナンセンスはポエムやリズム、語呂合わせ、そして、とんでもない無茶な挿し絵で表現されます。その挿し絵は、芸術と言えるはどで、「なんで、こんなこと、思いついたの？」と惹きつけられ、ナンセンスに意味を見出そうとする自分が可笑しくなります。

日本の子どもの読み物は、どこかに教訓の臭いがするのが思い出されて、心が痛みます。教訓には、大人の方が偉いぞという臭いがあります。それでは、心がくたびれてしまうのではないでしょうか。

ナンセンスをこよなく愛するこの国の人がペンを持つと、教訓的配慮など思い浮かばないのでしょうか。君のこと好きだぞ、愛しているぞというパッションだけが伝わってきます。リズムと響きで心をほぐしてくれるのです。

ナンセンスを人びとが愛するようになったもとを作ったのはエドワード・リアーという人のようで

す。一八〇二年まれの人で、二十一人兄弟の末っ子。育ててくれたのは長姉。二十一人兄弟の末っ子なので、みんなから愛を溢れるほどもらったのでしょうか。十五歳で挿し絵画家になり、後にビクトリア女王の画家頭を務めたこともあります。本職は鳥と風景画です。

ところが、あるときリアーのナンセンス挿し絵とナンセンス散文が有名になりました。人びとは芸術的作品より、すっとぼけた絵に喝采を送ったのです。すると、彼は子どもたちに愛される作品を超人的に描き続けたのだそうです。四十一歳の時には、結婚したらここまで仕事はできないと、独身で通す決心をしたというから、ナンセンスが認められるのにも凄い歴史秘話があったわけです。

リアーの作品を編集して出版したジャクソンという人は、「ナンセンスは日常のいらいらから逃れてくる難民に逃げ場を提供する価値があり、そこには平和がある」と述べています。リアーの作品には、私たちが生きる地球上のすべてのもの、さらには宇宙への愛に満ちているということです。

英語学校の先生が私に、英語のリズム感を伝えるためにその本を渡したのですが、私はナンセンスの歴史にすっかり圧倒されてしまいました。高度技術社会を生き抜くストレスに避けようもなくさらされる日本の子どもたちも、日常のいらいらから逃れる難民としての逃げ場がないと危険だと思います。

2 ゆりかごから十六歳まで

社会の隅々にまで浸透した子どもたちへの手厚い配慮には、「ゆりかごから墓場まで」と言われた福祉国家の名残りを感じます。英国病克服のために行なった厳しい民営化と手当の削減プロセスでも、子ども優先主義が貫かれたのでしょうか。

この手厚い配慮は、妊娠が確認されたときからスタートします。担当医師（GPと呼ばれている家庭医）によって、出産する病院までのプログラムが決められ、定期検診スケジュールを含めた予定のすべてが妊婦に知らされます。すべて無料で、日本人には信じられない思いです。子どもが生まれると、一週間ごとに保健師が訪問してくれます。日本のように、新生児を連れての通院は不要なのです。問題がなければ、訪問間隔は保健師と母親の間で自由に決めることができます。すべてに医師の印鑑が必要な日本にくらべて、保健師とか看護師の権限が大きくて効率的です。保健師が訪問してくれたときに、必要なワクチンも注射してくれます。ばい菌だらけの病院に行く必要がありません。ただし、このシステムは、英国でも一番進んだモデルかも知れません。私が住んでいるのは、ケンブリッジ大学の研究者が指導している地域なのです。

驚いたことに、子どもの健康を確認する保健師の訪問は、十六歳まで年一回行なわれます。保健師は担当医と密接な関わりを持ち、問題の早期発見体制が組まれています。虐待が生じたときなども、日本のように親が非難を浴びることはありません。さまざまな弱さを隠し持つのが人間なので、どこにでも問題は起きてくるとの前提に立って施策が立てられています。この国では、子どもを守るのは社会の責任になっているのです。

英国に来てすぐ、四歳の女の子が虐待で亡くなる事件がありました。テレビに映し出された女性担当医が、見抜けなかったことを涙ながらに語る姿に、私はショックを受けました。日本では、関係者の責任逃れにしか見えない会見ばかりだったからです。両親の姿も見ましたが、告訴されたその両親は、犯罪者という感じでなくて堂々と歩いているのが、私には少し憎らしく見えました。でも人びとは法廷を信頼してるのか、親の人間性に問題を還元したり非難したりしないのです。この悲劇は、女の子が母親の再婚相手になつかなかったのが虐待の引き金だったらしく、世界中で子どもが家庭崩壊の犠牲になっているのが分かります。

心理的問題なども、この保健師・担当医チームが第一発見者となり、問題克服計画が立てられることになります。担当医は、ジェネラル・プラクティショナーと呼ばれ、ちょうど日本の小学校の学区をいくつかに割ったような区域ごとに決められています。住所が変わると、次の担当医が知らされてくるシステムです。担当医は地域のカウンセラーと連携していて、問題に応じてカウンセラーが紹介されます。もちろん、すべて無料です（医療予算圧縮の結果、カウンセリングも心理療法も六回までが無料です）。

カウンセリングが必要な状況に対して、日本では何となく、親の養育失敗という雰囲気がありますし、相談所選びも親に任されるので、深刻な状況がはっきりするまで来談しないことがあまりにも多いです。この国では、紹介されたカウンセラーとしっくり行かなかったら、変えてもらうのも自由です。信頼関係が第一に優先されることは本当に必要だと思います。カウンセラーにとっても、信頼してもらえないままカウンセリングを進めるのは辛いことです。

蛇足になりますが、こういった手厚い配慮は、当然のことながら税金も高くします。たった六か月滞在するだけなのに、私も住民税を四万五千円も払いました。この国で働くわけでないので、少々驚きました。一番初めに来た手紙は、郡役所からの税金の知らせだったのです。

けれどカウンセラーが市民から専門家として安定した信頼を得ていることが、とても嬉しいことです。このことを日本のカウンセラーの皆さんにまず報告したいと思います。クリスマスが近づいて、綺麗なクリスマス用品が店先を飾り始めています。ニュースを見ていたら、クリスマス・カード売り場を点検するカウンセラーの姿があり、インタビューがありました。

「これでは、この国に住む少数派民族の子どもたちが寂しい気持ちになります。来年度は、子ども

ケンブリッジ地区電話帳に記載されているカウンセラー数

Counselling & Advice（カウンセリングならびに助言）	129
Psychologists（心理士）	8
Psychotherapy & Analysis（心理療法ならびに精神分析）	18
Stress Management（ストレス・マネジメント）	6

たちみんなが、楽しい気持ちでショッピングできるように努力します」。

これがカウンセラーの意見です。子どもたちが心理的葛藤を不必要に抱え込まないように配慮する部局にまでカウンセラーの意見を採り入れるほど、実践の歴史を築いたこの国のカウンセラーたちに敬意を表したいと思います。

クリスマスは今や宗教行事というより国民が一番大好きなお祭りなのだそうです。イスラムもヒンズーも関係なく、子どもたちと家族、親戚、友人を愛でつなぐ大切なお祭りになっているとのことです。来年のクリスマスには、東洋人が描かれた可愛いカードがあるかも知れません。

カウンセラー資格は専門家団体が責任をもって授与しています。ただ、国家資格でないために、資格がないのにカウンセラーを名乗る人がいても取り締まれません。これが悩みの種として浮かび上がっていて、国会での議論が必要になっているとのことです。ただ、この国は大学の歴史が政府の歴史より長いので、学術団体への国民の信頼が厚く、専門家団体の認定は尊重され、カウンセリングに対する保険からの支援などはスムーズに行なわれています。日本のように、カウンセラーが医師の下に位置づけられることはない模様です。

カウンセラー認定に関わる一番大きい学会は、BACP（British Association for Counselling and Psychotherapy）で、会員は一万四千人です。年会費は五百ポンド、九万五千円。日本心理臨床学会は年会費一万円ですから、ちょっと驚きです。日本では、五〇〇ポンドの会費を徴収することは考えられません。毎年九万五千円となると、詐欺団体と言われそうな気がします。

この学会が認定団体UKRCを組織して認定を行なっています。このほかにもカウンセラーとほぼ同じ仕事をするサイコセラピストやカウンセリング・サイコロジストの資格を授与する団体がありますす。認定団体が複数あるのも自由競争を基礎にする国らしい特徴です。さて、どんな風に実践が展開しているのかですが、電話帳が現実を一番正確に映し出すので、メモを作ってみました。電話帳の厚さから、人口五十万人と考えて参考にするのがいいでしょう。人口密度が日本に比べて低いためか、ケンブリッジ地区の電話帳は二十三市を含んでいて、北は北海沿いのキングスリンにまで達しています。電話帳から見る限り、有資格カウンセラーはこの国でも不足気味と推測されます。

3 教育の大改革

テレビで時おり紹介されるシーンに、「今、この国に必要な三つのものを述べよと言われたなら、私は主張する。教育、教育、教育！」と、熱く叫ぶ選挙戦中のブレア首相の姿があります。そして熱狂的に拍手する人びとの姿が映し出されています。

ところが、相変わらず人びとは子どもと楽しそうに遊んでいて、まるで、教育以上に大切なものがあると主張しているかのようです。私は、二十一世紀最初の新学期が始まったときに来たことになりますが、「国民へのお願い」と言えるようなニュース報道を見て、漫画を見ているような気がしました。

なんでも夏休み中の観光地はすべての料金が高額なのだそうで、九月に入って旅行すると安く賢く楽しめるのだそうです。このため、新学期が始まってからスペインなどの人気観光地に子ども連れで滞在し、長々とバカンスを楽しむ家族が増えているというのです。テレビに青いきれいな海で波とたわむれる子どもの姿が映し出されます。次に教員のインタビューがあり、学校を休むのは知的学習にマイナスだと訴えます。わが目を信じられない思いがしました。

日本では、勉強が苦手では人間として成功しないという価値観を幼いときに深く刻み込んでしまったために長く苦しみ、自分を支える心理的エネルギーを枯渇させてしまった子どもたちや学生と向き合ってきました。

ところが、そういう子どもの姿はこの国にはありません。本当にないのです。ケンブリッジの人びとなどは、世界的な人気の地元大学のことを、「ケンブリッジ大学は、狂ったように勉強する人が多い」と警戒気味に見ているのですから驚かされます。私には、市民のその感覚が新鮮に見えました。

のびのびした子どもの姿は、何物にも代えられないきらめきを放っているように見えます。この国の宝だと思います。そして、ひょっとしたら、この国の人もそう感じているのかも知れません。イギリスの子どもの知的水準が他国より劣ることは絶対に認められないと言わんばかりに、熱く燃える首相に、必ずしもついて行ってない親たちの姿があります。これも新鮮に感じられました。

市民が力を得て三百年、大学の歴史は八百年。労働者は誇りを持って楽しみながら生きています。もちろん世界に誇る大学があることを喜び、大切には考えています。ただ、大学は本当に学びたい人の行くところなのです。労働者は自分たちの代表者を首相にするまでの力を持ち、自分たちの声を議会で主張してくれる議員を地元からも送っていて、堂々としています。イギリスはエリート国家で、貴族制が残る古さに満ちた国と思っていましたが、そんなことを言ったらこの国の人に怒られてしまいそうです。「家の子が勉強好きなら、俺たちはどこまでもやらせてやるよ」というのがこの国流です。

世界ランキング第二位のケンブリッジ大学は、イギリス人学生を五〇パーセントに抑え、ヨーロッパを中心とした世界中から学生を集めています。それなのに膨大な予算を使うこの大学の方針は、国民の支持を得ています。たとえば東大が日本人の子ども枠を五〇パーセントにして東洋を中心とする世界から学生を招いたら、大騒ぎになること必定です。ケンブリッジ大学は奨学金が豊かで、門戸は広く開けられています。世界の最貧国といわれる国々からも留学生が来ています。大学は人類の進歩に貢献する場なのです。「人間は利害を超えた意味のために奉仕する」という機能を大学は託されているのです。

実利主義に貫かれた日本文化、アメリカン・ドリームをこよなく愛するアメリカ文化に漂う利益追求主義が、イギリス文化には薄い気がします。お金より意味が上位に位置づけられているのです。いろいろなところを訪ねたときに、私は、実利的文化で育てられたと思うことが多いです。私たちはエコノミック・アニマルと言われる素地を持っているのかも知れません。日本の歩みを熱く見つめている国も多いので、私たちの歩みも貴重です。

ただ、空気汚染、自然環境破壊など、お金に代えられない問題を抱える時代なので、イギリスの大学には、あくまでイギリス流にこだわっていてほしいと思います。もちろん東洋で一番経済力を蓄積した日本も、「人間は利害を超えた意味のために奉仕する」課題から逃げることは許されなくなるでしょう。

イギリスが教育問題に真剣に取り組んでいるのは、高度技術社会を支えるには子どもの嫌う理数を中心とした学習を増やす必要があるからです。この点だけから見ると、日本は成功しています。数学は言葉を使わないでも伝えられるという利点もあり、その力は世界で認められています。理数嫌いの増加が心配されていますが、この国のような技術者不足は生じていません。

日本から持参したコンピューターが突然動かなくなって焦ったことがあります。ケンブリッジのソニーセンターに駆け込んだのですが分からず、私の心は大嵐のようでした。このとき、店員が「もしや」と感じたのは、接続コードの故障でした。試みたらその通りで、コードを買うだけで解決できました。私は少し大げさに彼の勘を褒め称えました。本当にありがたかったのです。彼は恥ずかしそうにこう付け加えました。「僕が気がついてよかった。コンピューターセンターで相談したら、技術料として四〇ポンド（七千円余り）取られますよ。技術者が不足しているんです」。日本なら、街角の電気屋のスタッフにいたるまで、実によく知っていてレベルが高いです。日本の理数教育のレベルは本当に高いと思います。数学力の低下を心配する声がありますが、最高水準の学問課題のための基礎教育をすべての子どもに押しつけるのは、心理的エネルギーの浪費を招くだけです。日本の数学嫌いも過当競争の結果生じたと私は考えています。

イーストアングリアのスペシャリズム・カレッジ計画

工学系	35 校
言語系	17 校
芸術系	7 校
スポーツ系	7 校

教育改革の一環として、英国政府が考えているのは、スペシャリズム・カレッジという中高一貫のハイスクール設立です。国民の一割ぐらいを受け入れたいと計画しています。ケンブリッジ市のあるイーストアングリア県では、合計六十六校を計画していますから、かなり大々的な改革です。工学系が三十五校で群を抜いて多いのです。子どもたちの伸びやかな輝きを失わずにそれを実践できたら、世界に新しいモデルを提供してくれるでしょう。私たち日本人は、子どもたちの伸びやかな輝きの回復に成功し、技術国としての名声も保ちたいものです。

もうひとつ、この国の人びとの伝統的落ち着きを守る機能を果たす教育システムとして、コミュニティー・カレッジという地元から通える地方大学が全国に用意されているということがあげられます。まず家から通えるコミュニティー・カレッジで勉強して、関心が高まると大都市の総合大学に編転入できるシステムです。現在、コミュニティー・カレッジが内容充実を果たして続々と総合大学に昇格しています。地方でも高度な大学教育が受けられる方向を目指しているのです。大学教育の多様化が活発に図られているわけです。ケンブリッジ郡のコミュニティー・カレッジはなかなか充実していて、カウンセリングを学びたい市民のためのプログラムなども用意されています。

コミュニティー・カレッジを含めた大学進学率は現在、四〇パーセント。ブレア首相は、二〇一〇年には大学進学率を五〇パーセントにまで高めようと、ひたすら教育を熱く語っています。しかし、市民は子どもに無用なストレスを与えることを警戒し、のびやかに子どもと遊んでいます。この姿こそ、大学の歴史八百年が生み出したかけがえのない現象だと思えてなりません。

4　障害を前向きに捉える市民

この国の人びとが、子どもが字を上手に書けるとか、計算ができる、物知りであるなどの学業成績にこだわらない事実は、社会の姿にはっきり現れています。日本なら塾の看板だらけの便利なターミナル駅には、本当にひとつの塾の広告も見当たりません。可愛いカフェやパブしかありません。だからと言って、この国の人が、子どもが自分の力で幸せな人生をつくるための力を大事に考えてないわけではありません。ロンドン大学ＳＯＡＳのカウンセリング・サービス所長アリソンさんからステキな話を聞きました（日本ならカウンセリング・センターと呼ぶところですが、この国はサービスの国です。診察所もメディカル・サービスというのです）。まるでヘレン・ケラーのお母さんのような母親の話です。

ヘレン・ケラーは赤ちゃんのとき、視力と聴力を失い、小さな野獣のようにもがきながら生きていました。娘に知性が失われていないことを見抜いたのはお母さんでした。南部の田舎に住んでいて、障害者のための教育はまだ生まれていませんでした。サリバン先生という、いわば世界でも数えるほどしかいなかった視聴覚障害の子どもを援助する能力を持つ人を見出すまでのヘレン・ケラーのお母さんの闘いは、ただただ頭の下がるものがあります。

アリソンさんがカウンセリング・ルームで心のサポートをしているロンドン大学の学生は、幼いとき字を読んだり書いたりできませんでした。みんなから知恵遅れだと思われていた彼女のなかに正常な知性が宿っていることに気づいたのは、母親だけだったといいます。幸い、脳神経の正確なコンピューター画像を得られる時代にさしかかっていたので、ディスレキシア（失読症）を発見することができました。ディスプライア（統合運動障害）も発見できました。しかし、この時代になるまで発見しようのなかった失読症の子どもを援助する実践は芽生えたばかりでしたし、援助に成功した事例報告もあまりありませんでした。それでもお母さんは、地方教育委員会に働きかけ、子どもの成長を支援し続けました。

この学生は、身体が器用に動かないためか静かに読書するのが好きな少女になり、知的学力が着実に伸び、地方のコミュニティー・カレッジを卒業して、難関のロンドン大学に合格してきたのです。歴史専攻と聞いたように思います。

神の手によるとしか思えない大脳のたぐいまれな統合的能力が、障害部分を補助してあまりある働きをしてくれているとはいうものの、障害を抱えての学業は人一倍の努力を必要としますし、心労も大きいです。この学生は、生き抜くエネルギーをカウンセリングで補給しています。また、自転車の補助輪のように常に付き添ってくれた母親から、精神的に独立して自信をつけることも大きな課題になっているようです。

お母さんの熱意と本人の努力が実り大都会での一人暮らしが始まったとき、真の独立という課題が現れてきます。人びとの愛に支えられて成長した彼女に宿っているに違いない人間への信頼感をあざむく魔の手も、大都会には潜んでいるのです。カウンセリングが担う人間成長への教育学的配慮が、このような場合には不可欠と言えるでしょう。

ロンドン大学では、カウンセリングを希望する学生をなるべく多く受け入れたいので、週一回の継続カウンセリングは八回で終了し、必要な場合は、しばらく間をおいて再開する方式をとっていますが、この学生に対しては月に一、二回、継続面接を続けています。ハンディーを負った個人の人間的成長に対する支援が、カウンセリングの重要な役割として実践展開が進んでいます。

イギリスは全般的に障害を負った人びとへの援助を実にていねいに実践しています。義務教育機関はもちろん、大学でも、障害者支援部局をカウンセリング・サービスとは別に設立し始めています。日本の受験システムでは、障害者が高得点を取ることが難しく、進学は不利になりがちですが、イギリスは一回のテストで入学を決定しないので、障害があっても、努力家で基礎学力が上位二〇パーセントに入っていれば、人気の高い大学に進学することができます。この方向ですでに長い歴史があるので、障害を抱える若者の側にも、努力が水泡に帰するかも知れないとの不安感がありません。これは若者たちの活力が失われない要因として重要です。

　ブラックホールの研究で有名なホーキング博士は、三十歳まで生きられないと言われた難病による障害を抱えながら研究生活を続け、ノーベル賞に輝きました。来日されたこともあるので、車椅子の学者として日本人もよく知っています。イギリスに住んでみて、ホーキング博士はこの国に生まれたからこそ、あの業績があげられたのだと確信するようになりました。

　日本のシステムでは、障害を負うことは暗い苦痛なことに響きすぎます。それでは障害者を偏見と差別感で見ることにつながりかねません。イギリスで生活して、障害者が生き生きと楽しそうに生活し、その姿に接することが、偏見からの解放につながるのだと知らされました。カウンセラーの仕事も、実に多岐にわたり意味深い多様な課題を担っているようです。

　自分をどう成長させるかという若者の問いかけを孤独な闘いにしてしまわないために、自然に援助者に出会えるようにシステムを整えるという課題が見えてきます。日本の子どもたちが、どんな障害があろうとも、ホーキング博士を目指して元気に未来に向かえる環境を作りたいものです。

　ホーキング博士は、二〇〇二年の一月に六十歳を迎え、ケンブリッジ大学で大パーティーが開かれました。こんなおめでたい希望と勇気を与えられるパーティーの話を聞いたのは初めてです。

5 家庭崩壊、暴力、虐待、アルコール、ドラッグ問題

この国の子どもたちも深刻な社会問題の影響下に生きています。しかし社会問題は、表面からは本当に見えにくいものです。暗くなったロンドンを独りで歩いていても少しも不安を感じないし、地下鉄も昔にくらべると安全な気がします。社会問題は、表面からは本当に見えにくいのです。ロンドンの雑踏のなかで見知らぬ人と鉢合わせになっても、ごめんなさいと声をかけてもらえる優しさがこの国では失われていません。しかたがないから、表面からは見えにくい社会問題を告発してくれるメディアを通して問題を探すことにしました。すると、子どもたちの置かれた危うい状況が見えてきます。

この本を手にしてくださるカウンセリングに関心ある方の気持ちを暗くしたくないので付け加える

と、暗さに負けまいとするイギリス人の執念と言えるほどのたくましさは、問題を直視して改善していこうとする勇気の源だと思います。私たちは、高度技術社会を実現して豊かな環境で社会づくりに取り組めるようになりました。けれど深刻化するばかりで改善の兆しが見えない青少年犯罪に衝撃を受け、取り組む指標をつかめないまま考えあぐね、暗い気持ちに取りこまれそうになっています。ですから、イギリスからは学ぶことがたくさんありそうな気がします。

イギリスの深刻な状況を報告する前に話しておきたいのは、この国の人びとが今の日本を楽しい国と感じていることです。

「日本からビッグニュースが飛び込んできました」

アフガン爆撃の最中で日本のことを心配していた私は、心臓がビクンと飛び上がりました。すると、リカちゃん人形が妊娠したというのです。テレビニュースで、久しぶりに平和な日本の光景を見ました。可愛らしい女の子を連れた優しそうなお母さんのインタビューもなかなかほほえましくて嬉しく思いました。BBC放送はイギリス風ユーモアをこめて日本を温かく眺めています。

それから、民間が教育資金を作り出そうとする活動にも驚かされるものがあります。クリスマス前の一大キャンペーンに、「キッズ・イン・ニード」（援助の必要な子どもたち）という資金集めがありました。数日間の徹底した全国的大キャンペーンで、私が行くスーパーの入り口でも、海賊の衣装を着たおじさんやぬいぐるみのミッキーマウスが賑々しく小銭集めをする姿が見られました。このキャンペーンで一番驚いたのは、日本のNHKにあたる放送局のニュースキャスターが、こっけいな踊りのパフォーマンスで募金への協力を訴えたことです。ニュースの時間に踊りながら現れたので、呆気にとられてしまいました。そして、たった数日で四十億円ほどを集めました。この国の子どもたちは本当に愛されていると思います。今はアフガンの子どもにおもちゃを送るキャンペーンが始まりました。

さて、人びとが心配している第一は暴力をめぐる問題です。アイルランドではテロ事件が終息しないし、移民として来た人びとの暴動という形での訴えも発生しています。私はこの国特有の荒々しさが、激しく噴出する危うさを抱えているように思えてなりません。つい最近ひとりの少女が空気銃で撃たれ、片目失明に追い込まれました。学校で仲間から暴力を受けた少年もいます。治安悪化が見られる町では、自動車のガラスを夜中に割ったり窓ガラスに石を投げたりする少年による暴力が発生しています。

自分を律する大人になることを目指すこの国の伝統的社会規範にほころびが生じています。十六歳までは保護の必要な子どもとして成長を保証する規範に揺るぎはありませんが、社会全体が苦しんでいます。ただ、十五歳の少年を死刑にしたテキサス州に見られる荒々しい処罰方式はここでは考えられません。この国が死刑廃止を決めたのは一九六五年です。人びとの苦悩は、どうやって子どもたちの健全な成長を支援するかにあります。日本で重大犯罪があるたびに浮上する処罰をめぐる議論が、まったく見られないのは驚きです。

次は虐待のことがあります。子ども時代に受ける虐待体験が人格成長を歪ませるという考えが市民に深く浸透し、虐待から子どもを守る動きが活発です。スコットランドでは、三歳以下の子どもに体罰を与えると親が告訴される法律が成立しました。イングランド、ウェールズでも同様の法律制定を求める運動があります。最近、かつてスター歌手だった富豪が二十年ほど前に犯した少年に対する性的虐待で、七年の禁固刑が確定しました。十六歳までの少年は性的アイデンティティーが確立してないので、この種の被害を受けると、自分には同性愛傾向があるのだと勘違いしてしまう恐れがあり、厳しく取り締まる必要があるとの裁判官の判断です。国民から愛されたかつてのスターを淡々と裁く理性は、子どもを守る観点からはありがたいと思います。私には、女なんて金で買えると言わんばかりの態度をとられた苦い体験があるからです。女性をお金で支配することを容認した文化は歴然としていました。私たちの国は、性的虐待を正しく認識する良識が浸透しているとはいえない不確かさがあるのは否めません。日本の子どもたちを守るためにも、イギリスの実践に期待したいものです。

近代国家を脅かしている家庭崩壊。子どもにとっては、守ってもらう巣の喪失となります。家庭というシステムが現代に合わなくなっているのでしょうか。十年も前のことですが、韓国の女性心理学者と家庭崩壊について話していたとき、離婚しても母子で生き抜くのが可能になったら、離婚を選ぶ女性が増えるだろうとのことでした。二十一世紀は、離婚増加現象を新しいまなざしで見つめ直すテーマが大きくなるでしょう。世界中で苦渋に耐えつつ結婚生活を続けている女性が多いことを認めざるを得ない現実があるからです。かつて人びとを結びつけたさまざまなシステムが時代に合わなくなり混乱が生じています。イギリスの離婚率は三三パーセント、深刻な状況です。

一方、イギリスはベビーブームで小学校が足りません。ケンブリッジ郡のある町では、百年くらい使われていなかった小学校が改装されました。これを見る限り、結婚して家庭を築くことへの幻滅は生じていないのが分かります。若い男性の意識改革も進んでいます。若いカップルは懸命に愛を実らせようとしています。日本人の私には気の毒に見えるほど、父親が平等に家事を担当している姿があります。新しい家庭が生まれている印象を受けます。言うまでもなく子どもが育つ巣がないと、人格成長は土台を失ってしまいます。氷河期を生き抜くために生まれたという家族の絆は、今も人間精神の基盤を支える不可欠な要素です。男女平等な家庭づくりは家庭崩壊を防ぐ手がかりになるのでしょうか。新しい挑戦に期待したいです。

泥酔、アルコールが引き起こす精神異常症状、アルコール依存が深刻な状況です。でも、アルコールをイギリス人から奪うことなんてできないに違いありません。可愛らしいパブの数々は、アルコールが愛されてきた歴史を証明しています。アカデミズムの生みの親ソクラテスも、アルコールが人びとをなごやかに結びつけると考えていました。

しかし、警察の苦闘を追うドキュメンタリー番組は、アルコールが人格を変えてしまうぶざまな姿を放映し続けています。アルコールは人間を暴力的にする事実を懸命に伝えています。たしかに、人格が成長する大切な年齢でアルコールに依存して憂さを晴らす習慣をつけたなら、その弊害は計り知れません。人格成長が遂げられた後にアルコールに親しむなら問題は小さくなります。市民社会を脅かさない、人格を破壊しないアルコールのたしなみ方はないのでしょうか。

ともあれ、未成年者にアルコールを飲まさない風習は根付かせる必要があります。パブで酔って暴れる未成年者の取り締まりは果てしなく見えますが、逮捕されて自分の異常反応を知るきっかけになるかも知れません。

麻薬ほど恐ろしいものはありません。心理学もカウンセリングも、麻薬の魅力には勝てないのではないかと思います。だから、怖いのです。日本人の麻薬拒否反応は、江戸時代の厳しい取り締まりで条件付けられたものだという意見を聞いたことがあります。中国に視察に出かけた江戸時代の役人の報告を読んだことがありますが、麻薬による人格崩壊をなまなましく描いていて迫力がありました。日本文化の故郷である中国が凋落したのは、麻薬蔓延が一因とする文書には説得力がありました。だからといって、市中引き回しにして断首するすさまじさは、非人間的で許されるものではありませんが。ただ、日本は、麻薬の浸透は先進国中では信じられないほど低いのです。この歴史は死守する価値があります。

ここヨーロッパでは、歴史的には、依存症を引き起こすほど麻薬は手に入らなかったので、貴族のパーティーで饗されたこともあります。麻薬に対する拒否反応が日本ほどなかったのです。そのことを理由にはできませんが、麻薬蔓延が深刻です。最先端の仕事にたずさわり頭脳を酷使する人びとの間で、麻薬でストレスを晴らしている人がいることを否定できない現状です。肉体をむしばみ、精神をむしばむこと計り知れません。ニューヨーク・ロンドン便、マイアミ・ロンドン便でどんどん麻薬が運び込まれてきます。ドキュメンタリー番組で知ったのですが、飲み込んで胃に隠す運び屋までいるのです。税関は、レントゲンで犯人を捜しています。捕まった運び屋の女性は、「先週、友人は捕まらなかったのに！」とわめいていました。うまく吐き出させないと命が危ういとのことで、そのドキュメンタリーは病院に急行するシーンで終わっていました。甘い儲けをたくらむマフィアの暗躍があるそうで、本当に危険です。

先頃、キャビナス・大麻を所持しているだけでは少年を告訴しない法案が通過しました。履歴に傷がつくのを恐れる少年が、ばれないようにマフィアから危険な麻薬を買うので、それを防ぐというのが、法案通過の論理です。大麻を取り締まる方針には変わりありませんが、起訴するのは若者を追い込むから危険だというわけです。何というジレンマでしょう。ただ、この法案を無効にする運動が即座に始まりました。たしかに、大麻とはいえ、その所持を容認するのは危険すぎます。この国は、大きな危険を抱えています。

6 ブランドン青少年カウンセリング・心理療法センター

ブランドン青少年カウンセリング・心理療法センターは、現代社会の抱える重く暗い問題にたくましく取り組む子ども支援センターです。その目的は、問題に素早く取り組み解決することにあります。イギリスはフロイトがユダヤ人排斥から逃れて移り住んだ地ですが、現在では精神分析の影響は比較的小さく、心理的問題の原因を心の闇や人間の衝動性に還元しないのが一般的です。対象年齢は十二歳から二十五歳。なんと柔軟な対応かと感心させられます。日本は各相談機関が対応できる年齢の壁が厳しく設定されています。壁を越えて広く市民を受け入れるのは難しい現状です。ともかく、二十五歳まで見守れるなんて素晴らしい。ただ市民の税金を使っているので、面接回数を限定したうえでの継続になっています。

センター設立は一九六八年、ロンドン市立青少年センターとしてスタートしました。一九八四年に民営化され、今は財団です。私立と言っても面接は無料で、公的基金を始め各種の基金や寄付金でまかなわれています。

同センターでもらった年報を開くと、活動の第一に避妊が挙げられていて驚かされました。青少年がこの問題で訪れると、その場で三十分の医師面接が提供される迅速な対応になっています。また、自分の性的発達に関する疑問や、異性との性交渉に対する不安を恥ずかしがらず表明できるように助けられます。必要なら診断も行なわれ、避妊用品の提供と使い方の説明が行なわれます。さらに妊娠診断や経過観察もしてもらえ、必要ならば妊娠中絶のための施設も紹介してもらえます。

また、エイズ・カウンセリングは中核をなす重要活動です。子宮検診も行なわれます。公的機関としてスタートしたので、社会的弱者に対する手厚い支援が特徴です。医師とカウンセラーが協力するこの活動は本当に貴重だと思います。一九九九年から二〇〇〇年の一年間に医師の助けを受けた青少年は五百五十九人です。来談に抵抗のある子どもたちを配慮して、電話相談を中心とした情報提供も行なわれています。インターネットでの情報提供も並行して行なわれています。子どもが今必要としている援助から遠ざけられることのないよう、考えられる限りの配慮が払われています。ヨーロッパは、真っ白いウエディングドレスに象徴されるように、純潔が尊ばれた文化なので、ここまでの配慮を実践するに至ったプロセスは苦渋に満ちていたと推察されます。ともかく、青少年支援は理想論に流れず、現実に立脚して実践されています。

精神的肉体的健康を損なった青少年への心理療法も重要な活動になっています。子どもは人格的成長途上にあるので、カウンセリングという概念は当てはめず、心のケアとしてサービスを提供します。子どもたちが自分の心理状態に気づいて自発的に相談することは考えにくいので、援助者側が子どもの発達を助ける視点で積極的に対応する方針が取られています。利用者の多くは低所得階層で、難民として来た人びとや人種的少数派も多いです。親が離婚して相談する人がいなかったり、一人暮らし、ホームレスの青少年も含まれます。こういった地道な活動の積み上げは本当に貴重だと思います。年間にカウンセリングを利用した子どもは三百一人なのに対して、親のカウンセリングは十人です。子どもたちが孤独に投げ込まれていることが分かります。日本の場合は、親の気づきが来談につながっているのですが、親が無関心なら援助を受けにくいことになります。親と関係なく援助機関の紹介を必要とする子どもたちを視野に入れた実践は、世界的に必要な方向といえます。

〔特別プロジェクト1〕　短期カウンセリング

短期カウンセリング・プロジェクトは、回数を六回に限定した事業です。思春期の子どもたちはカウンセリングを受けることに不安を感じるとのことです。自分が精神障害になってしまったのではないかとの恐れを抱くのだといいます。子どもたちのこの恐怖感を大切に受け止めるものとして、短期カウンセリングが企画され成果をあげています。

特に、心理的に激しい混乱に陥った子どもたちが、サポートを受けることによって、自分を保っていけるという体験を刻み込むことが、大きな自信につながると確認されています。効果は三五パーセントの子どもに確認されています。効果判定は行動観察によって行ない、心理テストはいっさい使われません。またカウンセリング参加は、十六歳以下では親の同意のもとに行なわれます。自由と責任を基本とするこの国では、慎重な配慮が必要になっているのが分かります。

重度の精神障害が懸念される子どもたちも、カウンセリング参加に恐怖感を抱きます。それでも六回限定なら参加に同意してくれるとのことです。センターでは、この特別プロジェクトに毎年参加してもらい、これを二十五歳まで続け、大人のための治療施設につないでいく努力を進めています。障害者の自主的判断をあくまで尊重するこのプロジェクトの成果に期待し、今後も注目したいと思います。

［特別プロジェクト2］　死別を体験した子どものためのカウンセリング

十二歳から十八歳の間に親を亡くした子どものための心理療法プログラムとして始まったものです。親を失うことは人格成長に大きなマイナス要因となることが確認されたのがスタート理由です。今この国では、悲劇の発生時点で人びとの気持ちに寄り添い、心理的悪循環を起こさない取り組みが活発に行なわれているようです。

さきごろケンブリッジ大学カウンセリング・サービスを訪問しましたが、もらった資料のなかにＰＴＳというものがありました。日本では、ＰＴＳＤとして知られているものです。思いもよらない衝撃体験（PT）が心理的悪影響（SD）を引き起こすものとして注目されていますが、この国では思いもよらない衝撃に襲われるのが人間生活であり、思いもよらずそういう状況に陥ったときには、ともかくカウンセリングを利用して自分を見つめるよう広報活動を行なっていることに気がつきました。そこで、引き起こされる症状を意味する「D」が抜けていたのです。これには一歩先を越されたショックを感じました。心理的問題を個人心理に還元せず、成長を援助するという実践研究の徹底と深まりがあっての配慮です。この特別プロジェクトにもその論理が明確に認められます。

このプロジェクトを立ち上げてすぐ浮かび上がってきたのは、兄弟や恋人、友人を亡くした体験を持つ子どもたちにも、悲しみを見つめ分かち合う体験の必要性があることでした。現在は、それらの子どもも参加しています。また、大好きだった祖父母を失ってショックを受けた子どもたちも参加しています。日本の場合は、祖父母とのつながりははるかに強いし、働く親に代わって小さいときに世話をしてもらった子どもも多いので、実践が必要です。

〔特別プロジェクト3〕　スクールカウンセラー派遣事業

カウンセリングだけでなく遊戯療法、人間関係をゲーム感覚で遊びながら体験する活動、何かの作品を一緒に作るなど、子どものための援助を行なう専門家派遣事業が行なわれ、これは英国厚生省からモデルとして評価されているとのことです。

第一は、障害を持つ子どものための養護学校への派遣です。それらの学校では脳性麻痺、脊椎破裂、筋ジストロフィーの子どもたちが学んでいます。思春期を迎える頃、子どもたちは障害のことで精神的に苦しむようになり、自分と向き合うためのカウンセリングが必要となります。また、卒業することも子どもたちには大きな脅威となるので、外部の専門家による訪問カウンセリングが役立つのだそうです。卒業しても社会から支援を受けることができるという安心感を与えるからでしょう。卒業時期には、親の希望があれば、親へのカウンセリング・サービスも行なわれます。親としての不安に向き合う援助が提供されるのです。

第二は、情緒障害や行動異常のために普通学級では授業を受けられない子どものための特別学校へのカウンセラー派遣です。大きくなるにつれて、一般学校で要求される課題についていけなくなって、特別学校に来た子どもたちも多くいます。週一回、必要なら二回のセラピーを受け、あとは自分の問題など忘れて過ごすことができるので、この派遣という形態は役立つということです。生徒のことで悩む教師との話し合いも持たれています。要望があれば、家庭訪問も行ない、子どものことで悩む親への支援が提供されています。

第三は、大都市特有の教育困難校へのカウンセラー派遣です。地域全体の貧困や人種問題などを抱える一般学校が対象です。暴力行為などで退学勧告を受ける寸前の子どもたちへの援助が大きな課題です。十三歳から十六歳の子どもたちに対して、状況に応じて自分を見つめるのを援助するカウンセリングが提供されます。

第四は、難民を多く受け入れている一般学校への派遣です。難民体験で受けた心の傷を外に表現するためのカウンセリングを行なっています。

〔特別プロジェクト4〕　悪質な反社会的行動を繰り返す子どもたちのための援助

十四歳から十六歳までの常習化した非行少年の立ち直りを模索するプロジェクトです。犯罪を裁き、罰する方向ではなくて、社会で生きてゆける人間への成長を援助する試験的試みで、その成果がヨーロッパ全体から注目されているとのことです。攻撃的行為、盗み、器物破損、放火、嘘、無断欠席、失踪等に加えて、低学力（特に、読み書きができない）と情緒不安定、麻薬やアルコール乱用があり、英国司法・教育法にもとづく指導手引きに従って、専門家の援助が必要と判断された子どもたちが対象となります。

ここには二つのグループが作られています。

第一は、日本で言う教護院入所の代わりに、グループセラピーに参加することになった触法少年で、かつ再犯が予測される子どもたちが対象です。この子どもたちはＤＳＭ－Ⅳの診断基準で行動障害と認められています。

第二のグループは常習化は見られないが、行動障害、反逆的行動障害と診断された触法少年の参加するグループです。また地域の学校で問題行動が報告されたり、行動障害や反逆的行動障害のために一般校への出席停止処分を受けている子どもたちにも参加機会を与えています。

プログラムは週二回、三十分から五十分間で、参加すると少額の手当がもらえます。子どもたちの参加意欲を高めるための工夫がうかがわれて興味深いものがあります。触法少年に手当を与えて参加意欲を高めようとする熱意には、脱帽です。二十回の参加が義務づけられています。

活動は「ブランドンセンター・マニュアル」というプログラムに従って進められます。中心となる課題は、問題解決法、怒りや攻撃の処理、善悪の理解で、カウンセリング心理学が実践研究で開発してきた遊びやゲームをたくさん使って取り組まれます。普通の人がどんな風に思うかを理解させる課題も導入し、子どもたちのそれまでの狭い考えが広がるようにしていくのも活動の大切な柱です。終了時点で効果判定を行動観察法で行なっています。この判定には、子どもと関わりの深い教師や親にも加わってもらいます。さらに一年後、二年後にも同じように効果の継続が判定されます。プログラム終了後は、毎週、経過観察セッションに参加することが義務づけられています。

研究グループが発見したのは、最も意欲の低い子どもこそ、こういう活動への参加が必要だということです。プログラムでは、一人ひとりの子どもに応じた課題を工夫しました。マニュアルに従うだけでは効果が望めないようです。また、一人ひとりの目的は何なのかを共に探しながら作り上げるプロセスで、協力が生まれてきたといいます。

非行克服に光を呼び込む大きな成果が守られたわけですが、マニュアルに従ったこのプログラムによる効果なのか、それとも取り組むプロセスで生まれた信頼関係や温かい気持ちの交流が効果を上げたのかを比較すると、どちらとも言えないとのことです。ただ、温かい信頼関係が成立しなかったら、絶対に成功しないと結ばれています。

ブランドン・センター相談内容分類

家庭崩壊	69%
うつ傾向，不安	67
性的関係	42
自立不安，成長障害	40
社会的孤立	39
学校不適応，学習不振	32
暴力，器物損傷，行動障害	29
自傷懸念	28
睡眠障害	26
心身症	25
食行為障害	18
死別	18
薬物乱用	17
アルコール乱用	17
職場不適応	15
性的身体的虐待	11
自傷行為	9

なお、実践研究の効果性を実証するために対照群が形成され、自分の問題に焦点を当てて考えさせる指示的カウンセリング、いわば反省させ考えさせる古典的指導を並行して行なっています。結果として、問題行動の改善は指示的カウンセリング群では低くなっています。温かい親切な雰囲気があったとしても、カウンセリングという場を設定して改善を考えさせることは、行動改善に結びつかないとの結果が見出されています。

心理学の歴史がまだ浅かった二十世紀前半、臨床心理学という分野が確立していなかった頃、応用心理学として人間生活に心理学を役立てる試みのなかで、「アクション・リサーチ」（実践しながら研究を深める）の視点が生まれてきました。ブランドン・センターの取り組みは、共に動き・共にもがき・共に創造するプロセスの重要さを改めて指摘しています。

少年たちが犯罪者人生を歩み出すことのないよう援助する研究は、世界中で熱心に進行中と推察されます。情報交流をはかり、子どもたちの未来を明るくしたいと思います。なお、ブランドン・センターを訪れた少年の抱える問題一覧は表の通りです。

7 暮らしに生きるプレイセラピー

この国には、いたるところに小さな公園があります。幼い子どものための遊び場は柵で守られ、犬が入り込んで糞をすることなど考えられない構造になっています。ブランコから落っこちても、頭部外傷など絶対に生じないようにふかふかの木くずやゴムの敷物が敷かれて防衛されています。お母さんたちは、「きたないっ！」「あぶないっ！」と叫ぶ必要がありません。

子どもの遊び場には、もぐり込みたくなるような小さな小屋をよく見かけます。地球上で初めて幼い子どもの心のケアのためにプレイルームを創設した、アクスライン女史の試みを思い出させられる遊び場がいっぱいあります。アクスライン女史の著書を参考にして創設された京都大学教育学部・心理教育相談室のプレイルームには、カーテンで囲まれた舞台のような小屋のようなものがありました。もぐり込んだら何だかドキドキして子ども時代を思い出したことがあります。子どもたちは、ときめきながら遊びにのめり込み、そのプロセスで幼い心を悩ませる苦悩を乗り越えることができます。日常の遊びでそれが達成される必要があります。アクスライン女史の名が心理学史に刻まれているのは、そのことを人びとに気づかせてくれたからです。

十一月も終わりに近づくと、書店にはクリスマスプレゼント最適書コーナーが設けられ、うず高い本の山が作られました。二〇〇一年の歴史に残るベストセラーは、ハリーポッターです。これはひときわ大きな山になっています。最適書コーナーには、イギリスの文学賞を取った、日系イギリス人カズオ・イシグロの本があり嬉しくなりました。そのすぐ側に、アクスライン女史の『ディブス』を見つけてびっくりしました。日本では『開かれた小さな扉』と翻訳されているこの本は、専門家の間では有名ですが、一般生活にとけ込むなんて考えられないことです。私の住むケンブリッジは知識層割合の非常に高い町なので、イギリス全体に当てはめることはできないとは思います。でも、日本の児童相談所や教育相談所のモデル・源流を作ったアクスラインの著書が、クリスマスプレゼントの最適書として可愛いリボンで飾られて、人に贈られるなんて本当に嬉しいことです。子どもたちの未来を思い、心強くなります。

アクスライン女史は、彼女が選んだおもちゃを詰めたバスケットを抱えて、彼女を必要とする子どものいる所ならどこへだって出かけました。小学校の空き教室が即席のプレイルームになりました。彼女の活動そのものが、日常性への応用可能性を示していました。

十二月に入ると、数え切れないほどある財団が市民のための活動で貢献した団体を称える各種の賞を発表し始めました。クリスマス・イルミネーションの点火も始まり、一年を締めくくる心暖まるシーズンの始まりです。弱い立場を生きる子どもたちの援助に熱心だったダイアナ妃を記念して創設された小さな私立学校も、この賞を受ける団体に選ばれました。この学校は、自閉症や学校恐怖症（一般の子どもたちと普通学校で学ぼうとすると萎縮してしまう心理反応を示す子どもたちの総称）に苦しむ子どものための学校です。その活動が放映されましたが、そこでの教育活動全体がプレイセラピーになっているのが印象深かったです。子どもたちが、遊びながら自分の気持ちを自然に表現するうちに自分を築き、自分の内なる声に気づき、仲間と一緒にいる喜びに気づき、人間に心を開く勇気を育て、市民として生きる力を獲得するプロセスを援助する教育活動の展開です。まるで学校全体がプレイルームに見える運営です。この小さな取り組みも、ダイアナ妃への感謝と愛とともに、市民生活に影響していくのでしょう。

幼い子どもを、特に生存権を危うくされた赤ちゃん時代から、細やかな心理学的配慮で守る大切さを実践したのはアンナ・フロイトです。父フロイトが三十九歳のときに生まれたアンナは、ナチスの迫害が深まるなか、病いを得た父（顎の癌）を支え、生涯を独身で子どもたちが健康な人格を獲得するようにと邁進しました。

「私は、伝記を書かれるほどの貢献はしていません。〈彼女は生涯を子どもと共に過ごしました〉とだけ書き残してほしい」というのがアンナの遺言だそうです。なんて清らかな輝きを放つ遺言でしょう。

アンナは、ウィーンのユダヤ人貧民街で苦しむ子どもの支援活動をウィーン市から依頼されたのが子どもたちとの出会いで、後に仲間たちと「自我心理学」を生み出す原点となりました。迫害のためにロンドンに逃れて来てからは、孤児や若くして未亡人となった母親を支援する活動に邁進しつつ、実践研究を展開しました。父フロイトと一番異なるのは、父がユダヤ人迫害のために大学教員になれないので独立して生活のできる新しい職域として精神分析クリニックを開いたのに対し、アンナは福祉として公的資金援助を受けつつ、最も恵まれない子どもたちのために児童分析を展開したことです。

アンナの姿勢は、「ゆりかごから墓場まで」市民生活を守ろうとするこの国にフィットしたのでしょう。アンナはロンドンで子どものための心理的福祉的援助活動を伸びやかに展開して、八十七年の生涯を美しく燃えきったのです。

アンナが父や家族とロンドンに来てから四十四年間を過ごした家は、今、フロイト博物館になっています。フロイトは人類史にとって大切な人物です。優れた精神病薬の出現により彼の理論は過去のものになったのかも知れませんが、その業績が消えるものではありません。何にもまして、人類の歩みを敬愛するイギリスに最後に迎えられたのは幸運だったかも知れません。この国の人なら、利益を度外視して博物館を守り抜くことでしょう。博物館で、私は可愛らしいフロイト人形を買いました。

イギリス人のユーモア好きには驚かされますが、こういう運営も人類史にその名を刻む戦略に役立つかも知れません。

地下鉄のフィンチレィロード駅から徒歩五分で行けるフロイト博物館の並びに、アンナ・フロイトセンターがあります。子どものための心理相談所です。ここを訪れたとき、陽気でカラフルなカーディガンを着た婦人が笑いながら迎えてくれました。受付のホールには、幼い子どもの可愛い作品が気品を放って飾られています。飾り方しだいで、子どもの作品も心に響く芸術になるのかも知れません。ロンドンは威厳をたたえた大人の町なので、私はまるで、ゆりかごにもぐり込んだような気持ちにさせられました。ここは、アンナの雰囲気を伝える実践場なのです。福祉分野では、ケースワーカーを始め、保育士、看護師、医師など多くの人が働いています。幼い子どもと関わる貴重な人的資源と言える人びとです。それらの人びとが、ここにやってきて実践研究を深めるのも、センターの大切な仕事になっています。このセンターの活動も確実に市民生活に影響を与え続けているのだと思いました。

II

学生のためのカウンセリング

1　新学期の風景

スタッフ会議を兼ねた事例検討会が始まりました。ここは、テームズ川沿いのロンドンでも一等地にあるロンドン大学キングス・カレッジです。こういう会議は、カウンセリングに携わる者が厳重に守らねばならない守秘義務の関係上、部外者の参加は許されないのですが、大学側の特別配慮で参加させてもらっています。使われている教室は、間口が二メートルほどで、奥行きは八メートルほど、立派な大学によくぞこういう不思議な形の空間を作ったものです。カウンセリング・サービスの部屋からは少し離れた教室です。スタッフは十六人、男性は四人で、この国でもカウンセラーは圧倒的に女性が多いです。これだけの人間が狭い空間にいるので、まさに膝づめ会談です。ただ、天井が高いために圧迫感はありません。

まず、ケース担当がテキパキと決められていきます。クライエントが眠れないと周りの人に訴え続け、困り果てたガールフレンドがカウンセリングを申し込みました。次は、自殺すると言いまわって周囲を困らせている医学部四年生。これも申し込みはガールフレンド。自殺しようとして警察に止められたエピソードもあります。手当たり次第に女子学生にメールを送るなどの問題行動があるのですが、ガールフレンドは真剣に彼を助けたいと願っています。うつ的傾向で苦しんでいる学生からの相談で、医師が自分の希望より大量の薬を処方したが、どうしようかという訴えもあります。それぞれに担当者が決められていきます。

この原稿を書いている時期は、日本で言えば五月の連休明けにあたる頃で、カウンセリング・サービスが一番忙しい時期です。キングス・カレッジはグループ・カウンセリングも盛んです。グループを作りたいのだが希望者が足りないので、誰か推薦してほしいというスタッフの申し出があります。すぐに推薦したい学生がいるという応答が三人からあがります。外目にはのんびり見えるイギリス人のテキパキした仕事ぶりに驚き、なんだか安心できる気持ちになりました。

リフレクティング・グループ、自分を見つめるグループを始めるという報告もあります。カウンセラーたちは、自由に計画し実践しているようです。所長（公式文書ではヘッドと呼ばれるが、普段は名前で呼び合っている）は、議長という感じですべての企画を嬉しそうに認めていきます。精神力動的カウンセリング（昔の精神分析）を専門とする女性所長です。

人生を開こうとする学生にとって、内面の葛藤を無条件に受容し、共感的に一緒に考えてもらえるカウンセラーの存在は心強いものです。現在、世界中の学生がカウンセリングを利用しています。日本での取り組みは、戦後の早い時期から少しずつ始まりました。大学に入学する年齢になって、人は内面で感じる不安も自分の手で解決してみたいと思い始めます。これは、グローバルに広く認められる真実です。激烈な競争にさらされる日本の若者には、カウンヤリング・サービスは特に重要です。

イギリスでは、カウンセリングは心理的問題克服を援助するために提供しなくてはならない当然のサービスと考えられています。ここにも、「ゆりかごから墓場まで」国民の幸せを守りたいという考え方がにじんでいる気がしてなりません。サービスという捉え方には最初ちょっと抵抗を感じましたが、この考え方がだんだん好きになってきました。「そうなのか、人びとへの当然のサービスなのか」と。高額な相談料を取るアメリカ流とはまったく違っていることも、イギリスに来るまで気づいていませんでしたが、この方式は日本になじみやすいと思います。

ロンドン大学は国立大学です。ケンブリッジ大学やオックスフォード大学のような歴史はありませんが、国民の大学として親しまれ、優秀な研究者を多く世に送り出してきました。ロンドン大学は市内に散らばる多くの大学が連携して構成され、全体の学生数は六万人です。キングス・カレッジは一番大きいカレッジで、学生数は一万七千人。カウンセラーは千人に一人ということになります。

キングス・カレッジの場合、「診療ならびにカウンセリング・サービス」という組織になっているので、申し込みは身体の具合の悪い学生と同じ窓口です。このために窓口はざわついています。事務スタッフ数名がテキパキ仕事をこなしています。可愛らしいおしゃれな空間で、日本の事務風景とはまったく雰囲気が違います。キングス・カレッジそのものがロンドン中心部の古めかしい建物で、カウンセリング・サービスは内部の一角を使って活動しているのです。

ケース・カンファレンスは、十一時から一時半まで。途中、十分のブレイクがあり、飲み物を買ってきてサンドイッチをかじりながらカンファレンスが続きます。後半は事例研究です。事例検討会では名前を出さず、「彼」とか「彼女」という呼び方で進んでいくのが印象深いです。質問があると本名を出していたので、禁句になってるわけではなさそうですが、実践研究を深めかつ個人の秘密を守る配慮は参考になります。これくらいの巨大大学になると、たとえ同僚間であっても個人の秘密は慎重にする必要があると思います。

ここで出された事例は、拒食傾向、友人関係からの逃避、ボーイフレンドとの関係がうまくいかない、セックスが嫌でたまらない、母親と依存関係にある、などを訴えるケースです。カウンセリングは二年目に入ろうとしています。どのように彼女と関わっていくのか、カウンセラーの不安、クライエントを好きになれないカウンセラー自身の罪悪感などが素直に表明されていきました。カウンセラーの悩みを皆で考える展開です。自分自身に対して正直で飾らない雰囲気が、すごく心地良かったです。日本人留学生のカウンセリングもあるとのことで、ぜひまた語り合おうということになりました。

このケースでは、クライエントが心理的問題を抱えていることに最初に気づいたのはジェネラル・プラクティショナーでした。一般医からカウンセラーへのバトンタッチが行なわれていくイギリス流がここでも確認できたのは興味深かったです。

新学期のカウンセリング・センターは、カウンセラーの皆さんの新学期らしい爽やかなやる気に満たされ、充実したカンファレンスが展開していました。

2　全国カウンセリング・サービス所長会議

全国に百ある大学*のカウンセリング・サービス所長が組織する会議が、ロンドン大学のシティー・ユニバーシティー・ロンドンで開かれ、六十人ほど集まりました。議長はケンブリッジ大学のヒッピン氏です。所長が全員カウンセラーなのが私には新鮮に映りました。日本では精神科医もカウンセラーとして働いていて、所長になっていることが多いからです。カウンセラーが欧米並の資格を持つことに反対だと聞いたこともあります。日本は息苦しい内実があまりにも多いのです。この国に来て、民主主義とはこういうことかとよく思います。アメリカにも住んだのですが、あまりに人びとが攻撃

*注　英国には現在、百の大学があります。ケンブリッジ大学、オックスフォード大学、ロンドン大学などは、それぞれいくつかのカレッジ（日本では独立したひとつの大学に当たる）を擁するので、日本流に数えるともっと多くなります。

的だったことと、私が滞在した一九六〇年代は黒人の地位が低く、難渋している姿を目撃したので、民主主義をこんな風にしみじみと感じることが少なかったのです。イギリスでは、落ち着いた民主主義実践が進行中で、考えさせられることが多いです。ともかく、この会議の落ち着いた温かい雰囲気にふれて、体の芯まで温められる思いがしました。

もう一点は、学部教授の兼任が見当たらないのに驚きました。現在の日本は、学部教授の応援がなければカウンセリング活動が成り立たないと思います。カウンセラーの意見を受け止めるシステムが弱体なので、学部の応援がどうしても必要になります。イギリスでは、大学という所は多種多様な研究者が研究を展開する場で、研究者は必ずしも教育者とは限りません。もちろん、何らかの形で学生の成長を応援しています。たとえば、私が滞在しているロンドン大学のアリソンさんは三人の大学院生をスーパーヴァイズしています。専門家グループ、研究者グループ、教授グループが水平関係で共同しつつ、最高峰の学問を展開しようとチャレンジしているわけです。教授を頂点とする権威的ピラミッド型構造は過去のものになってしまったようです。なんだか風通しが良くて、爽やかさを感じます。

ともかく専門職が実績で尊重されるのは本当に大切だと思います。実践研究が領域発展に必要な分野では、研究分野全体の発展にとってもきわめて重要です。日本のカウンセラーは、専門職としての誇りを感じにくくて大変かも知れません。「先生」という呼称のないイギリスでは、本当に「だーれが生徒か先生か」というわけで、実践が尊重されています。人間関係がスッキリして洗練されている気がします。

市民の権利を王様の手から奪い返してから三百五十八年の苦難のプロセスで築いた落ち着きだと思うので、日本にそのまま当てはまるとは思いませんが、権力を効率的に分散して水平の対話を切り開くことは二十一世紀の課題であることは間違いありません。

インターネットで活躍する広報委員

たった百人の所長会議が部門別グループを作って活動しています。広報委員は、会議メンバーしか見ることのできないサイトと、広く市民に開かれたサイトを管理しています。メンバー専用サイトでは、所長が直面する問題を仲間で考え合い支え合っています。アイルランド共和国での暴動を受けてヨークシャー地方が揺れた模様で、こういう時に支え合ったようです。所長会議は年三回開かれますが、全員が顔を合わせることは難しく、このサイトが役立っています。

市民サービス用サイトは、学生がカウンセラーに出会えるよう情報提供活動が主体です。コミュニティー・カレッジ進学者を含めると、イギリスの大学進学率は四〇パーセントに達しています。それらの高等教育機関では、カウンセリング・サービスが実施されていない所もあるのでしょう。カウンセリングを受けたいという要望が寄せられるらしいのです。それらの要望に対して、有資格カウンセラーの紹介を行なっています。

もうひとつ、新聞社からのインタビューに答えたという報告がありました。「おもしろい人びとが大学で働いている」という記事になったらしいのです。広報担当のカウンセラーは鮮やかな黄色のセーターを着たユーモラスな人で、会場から笑いが発生しました。現在、多様な関心が寄せられているらしく、社会の要請にも応えようとの呼びかけが会場で承認されました。なお、サイトは二週間ごとに新しくしているとのことで、係の努力には頭が下がります。

自殺防止委員

青年期の自殺防止は、この国でも最重要課題のようです。「この四か月間には、全国で自殺した大学生はありませんでした」という報告に、のんびり耳を傾けていた私はびっくりしました。自殺した学生があったら、すぐ防止委員に報告し、何が原因だったのかを考え、全国のサービス長に連絡して、自殺防止のために考えられる限りのことを行なうための部門委員会が活動しているのです。

聞いていて、私は言葉にできない衝撃を受けました。もし私が日本のカウンセリング・サービス長で、自分の大学で発生した自殺の第一報を所長会議に報告したら、私の大学で問題になるのではないでしょうか。大学の名誉に傷をつけたということです。しかし、自殺には連鎖反応がつきものなので、同じような悩みを抱える学生の安全のためには、専門家の特段の配慮が有効です。情報交流は本当に役立つと思われます。また、学生の自殺に絶えず焦点を当てていることもできないので、部門別委員会があったらどんなに安心でしょうか。全国の所長が、学生の幸せを守る仲間として共同する可能性を示唆され、勇気づけられるところ大です。

かつて私は、「自殺者が出たら、それはカウンセラーの責任である」という発言を聞いて耳を疑ったことがあります。自殺した学生が、カウンセリング・ルームを訪れたことのない学生でもカウンセラーの責任だという主張なのです。この種の運営委員たちにとがめられるのを怖がって、自殺傾向のある学生を片っ端から入院させていたのでは、カウンセリングは成り立ちません。現在は優れた治療薬が開発されましたが、薬を拒否する権利を学生から奪うことは許されません。人が抱える一番苦しい気持ち、死にたい気持ちを分かち合ってくれる相手を、人は必要とします。クライエントが危険な時期を切り抜けるまで、気の抜けない慎重な配慮で守りつつ歩む必要があります。カウンセラーが自己防衛してる暇はないのです。この意味で、カウンセラーは無防備です。

イギリスのカウンセラーたちは、自己防衛などする必要はなく共働できる歴史を築いています。カウンセリングが生まれてから六十年余の歴史の積み重ねを体現している人びとを目の当たりにしていると、言葉にならない心強さを感じます。

他組織との交流担当委員

大学メンタルヘルス会議から交流要請が寄せられています。メンタルヘルス会議は精神科医がメンバーの組織なのですが、カウンセラーとの協力を必要としているために申し込みがあった模様です。精神病に限定せずケア職（心のケア、クライエントと人間関係を築き問題克服を援助する専門職）に関わる者として対話を開いていきたいとの申し入れです。その昔、精神科医はカウンセラーの活動を妨害した歴史があるためか、会場は一瞬シーンとしたように感じました。慎重に前向きに取り組みたいという方針が受け入れられました。

つぎは大学ならびに専門学校カウンセリング会議からの協力要請。この会議は、所長会議メンバーも所属する会員数ではもっとも大きい会議です。高等機関で働くカウンセラーが所属する会議です。コミュニティ・カレッジは英国全土にくまなく作られているので、この会議からスーパーヴァイズ資格のあるカウンセラーを紹介してほしいと要求されると、需要に応えきれない現状のようです。日本心理臨床学会がスクールカウンセラーの需要に応えきれない状況に似ていて、カウンセラーを必要とする点では、世界は似た状況にあるのかも知れないと思いました。

カウンセラー求人も報告されました。今回求人があったのは、サポーティブ・ポジティブ・アプローチで実践するカウンセラーです。つまり、評価したりテスト結果で診断したりしないで、人間を肯定的に捉え、支援していくアプローチです。いくつか紹介されましたが、週四日の非常勤ポストがほとんどです。ただ、日本の非常勤職と違って、生活保障は安定しているのでしょうか。賃金に対する質問が出ませんでした。

日本人の社交性は素晴らしいと、コリンさんから聞く

アリソンさんが全国に流したメールで、私がロンドン大学に来ていることを知ったコリンさんから連絡があり、会議の前にロンドン大学ＳＯＡＳで落ち合いました。二〇〇一年八月二十六日〜三十日

まで、兵庫県赤穂市にある関西福祉大学を主会場として開かれたパーソン・センタード国際フォーラムに、シェフィールド大学カウンセリング・サービス所長のコリンさんが出席しておられました。十日後にテロが発生するなど思いもよらない平和な楽しいフォーラムでした。

フォーラム終了後、京都を訪ねたい人びとには、京都御所の西にある私学共済組合運営のホテルに泊まっていただきました。コリンさんは朝早く起きて周辺の散歩を楽しんだといいます。小さなお寺を参拝しての帰り、日本女性とバッタリ出会い、朝のあいさつを交わしました。その人は、昔ミッション・スクールで学んだので、英語が話せました。短い対話で別れた直後、その人がもう一度もどってきました。何か記念を差し上げたいけれど何も持ってないので、扇子をプレゼントしたいとのことでした。彼はすごく感動させられました。コリンさんの人柄によると思いますが、日本人の社交性を楽しげに語るのを聞いて、私たちはありのままの姿で十分国際交流できると指摘されたようで、嬉しくなりました。コリンさん宅の居間に置かれたその扇子は、贈り手の優しさを長く語り続けるでしょう。こういうことが世界の人びとをつないでくれるのだとしみじみ思います。

分科会／管理職ブレイン・ストーミング

ブレイン・ストーミングは直訳すると脳嵐。心理学者が始めた試みで、社会的枠組みを忘れて何でもバンバンぶつけ合って、恨みっこなしというゲームです。通念に縛られて柔軟性を欠いた知性が活性化し創造性が開かれてくる効果があります。新しい考えがほしいときに、「ブレイン・ストーミングでもやるか！」と愛用されています。授業でやると、日本の学生もおおいにエンジョイします。私は、所長たちの悩みに触れたくてこの分科会に参加しました。

まず出てきたのがジェンダー問題だったのは意外でした。外側から見ると、この国は女性と男性が同等な立場で社会を作り上げることに成功し、ジェンダー問題を克服したように見えるからです。第一、ざっと見渡すと、所長の六割は女性で、日本では考えられない女性の活躍ぶりです。「女性カウンセラーたちが、男性所長を求めている気がしてならない。所長の役割とは何だろう」「男性所長から引き継いだので、うまくやれてるかが気になる。私のやり方は、カウンセリング理論の面でも、前任者とは異なっている。初めて所長になって、直接クライエントと関わることがなくなったら、空虚感を感じてしかたがない」「カウンセラーや職員たちと視点の違いがあるとき、対決されてる気がしてならない」。どの発言をとっても、よく理解でき、心理的内面から見ると、世界は同次元を歩んでいるようです。

次は、経済危機に直面した大学で、理事会がカウンセリング部門の一時閉鎖を決定した話です。所長会議は、カウンセリングが必要な学生たちを近隣の大学で受け入れたり、カウンセラーを紹介したりバックアップしました。最近の出来事です。このため、大学理事会との関係が真剣に語り合われました。日本のようにピラミッド構造でないため、所長は理事会との直接対話を良好に保つ役割も求められるようです。利用者である学生は形式張った運営を嫌います。所長としては提供するカウンセリングの質の高さが重要であって、形式はどうでもいいというのが本音です。ところが理事会は、所長が権威的に治めている方が好ましいと判断します。そこで、学生の要望と理事会の要望を調整していく必要があります。これは男性所長の方が上手くやるようです。この国でも、組織運営に女性が参加した歴史はまだ浅いのだと痛感します。

やがて話題は、経済優先主義に負けず学生生活の質的充実を保証する問題へと進んでいきました。理事会は大学運営をいかに安く効率的にしていくかに熱心になってきています。生きることの質は二次的問題と言わんばかりなのだそうです。大学執行部は、理事会の意向を権威的に実施してほしい向きも感じられますが、それでは若者の反発を招き、カウンセリング活動そのものが危うくなります。所長たちの苦労は大きいのです。終身雇用制ではないので、所長も契約制で入れ替わります。理事会が経済的理由で一時的に閉じたり、カウンセラー数を圧縮したりできます。カウンセラーだったとき、所長が民主的な人から権威的な人に替わって苦労した体験が語られます。こうして所長としての不安が見つめられた後、どのように問題を前進させていけるのかという方向へと話題が動いていきました。

体験をベースにしながらも論理的展開が着実に形成されていくプロセスを目の当たりにし、その早い展開に考えさせられるものがあります。日本なら全国から所長が集まって、たった三時間で総会から分科会までこなすスケジュールは考えられません。ここでは、お昼を利用して、ちょっとしたパーティーのような食事からワインのサービスまで用意され、遠来の人びとをねぎらう配慮もさりげなくされています。会議は一時半から四時半まで。多忙な所長たちは、すぐ帰路につきます。

所長といっても、スタッフが三人なのでカウンセラーを兼ねる人もいて、状況はさまざまです。カウンセリング・サービスが運営の危機に陥ったときの深刻な状況を、ひとりで対処する必要に迫られる場合もあります。そういうときの危機管理などについて、体験が交換されていました。さまざまな理論背景を持つので、相互をつなぐ「共通語」を持とうというような点にまで話題が展開しました。

さらに、大学運営に影響を与える要職についている人びとにカウンセリングを理解してもらう広報活動の具体案も語り合われました。二〇〇二年の十二月に所長会議が主催する全国カンファレンスには、文部大臣を招くとのことです。現在の文部大臣は教職体験者の女性です。よくテレビで見かけるので、カウンセラーたちを応援する姿が見えるような気がします。日本では、若い官僚が出てきて挨拶するのに慣れてしまっていたので、文部大臣を招く話には驚かされるばかりです。

終わりの会では、分科会報告として、テロ事件の影響に関する分科会、精神科治療を必要とする学生への援助に関する分科会から報告がありました。テロ事件後、攻撃を受けた学生たちがいたようで、パーソン・センタード・アプローチの善悪の判断を抜きにして学生と関わり、援助していく方策の重要性が語られていました。メンタルヘルス分科会からは、もっとも援助が難しいとされる学生たちに対して何ができるのか、今後も激論を重ねたいとの報告がありました。予定通り四時半に会は終了しました。

この機動力・体力・進歩への熱愛を備えないと、世界レベルでの活動はできないと痛感しつつ、家路につきました。

3　ケンブリッジ大学のカウンセリング展開

カウンセリング・サービス所長のマーク・ヒッピンさんを訪ねておおいに語り、施設を見せてもらいました。大学世界ランキング第二位、ヨーロッパのランキング一位を保つとはどういうことかという重い意味合いが、今も私の内で問いかけられています。大学の世界ランキングのことなど夢にも考えずに気楽に訪問しましたが、かなり衝撃を受ける訪問になったのです。

ともかく他の大学とは思い入れが違うというのか、格式が違うというのか、根性が座っていて、微動だにせず、ケンブリッジ大学カウンセリングの歴史を紡いでいます。そういう重厚さが大学に絶対必要とは思いませんが、はるばる日本からやってきた者を圧倒する迫力があるのは事実です。

ケンブリッジ大学にカウンセリング・サービスが設置されて四十五年といいますから、一九五〇年代半ばということになり、東京大学に日本初の学生相談所ができたのと同時期です。ただ、ここは、シカゴ大学でカウンセリングという人間の心理的成長を支援する専門分野が生まれたその歴史を着実に積み上げて今日に至っています。

ケンブリッジ大学の漂わせる重さについては、面白いコメントを聞いたことがあります。もう退職した英文学者が、「僕はこの重さが苦しくなると、ロンドンに息抜きに出かけるんだ。僕の入っているクラブは、安く泊まれるホテルを持っているのでね」と笑いながら話してくれたのです。チャタレー裁判で有名になった小説家のロレンスが、ケンブリッジ大学のバートランド・ラッセル卿と対話したとき、「人間は、赤ちゃんのように泣いたり笑ったりするのが必要だ」と主張した話も、老教授から聞きました。ここには、ロレンスのような人が窒息してしまう重さがあるというのです。重厚さを守るのも大変な仕事のようです。

大学システムにおける位置づけ

ケンブリッジ大学カウンセリング・サービスは、大学を構成する三十五カレッジに在籍するおよそ一万六千人の学生を迎え入れる大学直属の機関です。ニュートンの学んだトリニティー・カレッジや聖歌隊で有名なキングス・カレッジから歩いて五分とかからない所にあります。フィリッツウィリアムズ博物館の向かい、壮麗なアラブ風の建築で人目をひくギャジ・インスティテュートの並びにある、古色蒼然とした建物群の一角を占めています。ケンブリッジの町では一等地にあたり、迷いようのないロケーションです。

カウンセリング・サービスが大学全体のカウンセリング・センターになっているのは、大学創設から一貫して守っている、寝食を共にして学ぶカレッジ制というシステムに負うところが大きいと思います。たとえばロンドン大学のように、全市にカレッジが散らばり、学生が自由に住居を定めている大学では不可能です。この大学では、学生も教授陣も、全員が自転車を飛ばせば十五分ほどで集まれる距離に住んでいます。既婚学生用のアパートまでこの範囲にあります。これが八百年も続いているので、三十五もあるカレッジが繋がりを保っているのです。

カウンセリング・サービス運営理事会の長はカレッジの学長が務めています。理事会メンバーには地元の一般医も加わっています。日本で言えば、地元医師会からも理事を送っていることになります。大学付属病院の精神科医も加わっています。カウンセラーが所長を務めるセンターがこういった支援体制のもとに運営されているのは、やはり羨ましい限りです。大学システム全体から信頼されていることは、実践研究にとって大きな力になるからです。

それにしても大学の規模にくらべて学生数の少ないのには驚くしかありません。ニュートンが活躍した近代科学発生のトリニティー・カレッジが定員千人未満です。入学が困難なのは当然です。ちょっと、もったいない気がします。こういう贅沢さを保っていることも大学ランキングと関連するのでしょう。東大が世界ランキング六十位といわれるのが、初めて納得できた気がします。しかも、ケンブリッジ大学は、英国人学生は五〇パーセントに抑え、全世界から俊英を集めています。一番多いのはアメリカ人で、外国勢の四〇パーセント。そういえば、トリニティー・カレッジは米国建設の精神基盤、清教徒（プロテスタント）発祥の地でもあります。

カウンセリング・サービスのある古色蒼然とした建物群がいつ頃造られたのかはわかりませんが、二百年以上たっているのは確かです。昔イギリス人は小柄で背も低かったのではないでしょうか、廊下が狭く、階段など頭をぶつけそうなほど天井の低いところもあります。地震や火事の多い日本では、取り壊し命令が出そうな建物です。地上四階、地下一階で、部屋数は相当数あります。建物をつなぐために造られたのか、ガラス張りのサンルームもあり、小さな庭も見えます。狭い空間を快適に芸術的に使っています。面接室は十四室で、そのうち三室はグループルームです。カウンセラーは三十人、常勤カウンセラーが十一人。非常勤カウンセラーの方が圧倒的に多いのは、どうも世界中同じのようです。

カウンセリング発生の源流を守り続ける

マークさんがまず熱心に話し始めたのは、ケンブリッジ大学が人びとに広く門戸を開いていることでした。チャールズ皇太子の母校としても有名であり、貴族的雰囲気を残していると広く感じられていますが、決してエリート階級に的を絞った大学ではないと力説します。日本の心理学者から間違った情報が流れていては一大事と言わんばかりです。私は、そこに二十一世紀における大学の姿をひしひしと感じました。いまや大学は、人類の財産であり地球上の人びとに広く開かれた機関なのです。

この大学に合格するには、有名私立高校を卒業していないと無理だと、日本にいるときから聞いていたのですが、そうではないというのが彼の指摘です。私立学校からの進学者は四〇パーセントで、公立学校の六〇パーセントより少ないという現実があります。日本のようにテストの点数だけで合格を決めないので、大学が本腰をいれれば、大学の門戸開放が実質的に進むのかも知れません。現在の悩みは、地方の公立学校卒業の優秀な若者が、ケンブリッジ大学と聞いただけで自分の行く所ではないと避ける現象なのだそうです。そのための広報活動を行なっているそうです。地域格差を配慮して、イギリス全体から学生に来てもらい、市民に愛される大学になろうと奮闘しているのを知りました。

次はケンブリッジ大学カウンセリング・サービスの歴史と、現在のシステム、特にロジャーズによるカウンセリングの精神が発展していることへの熱弁です。ロジャーズ理論は教育界に深く浸透し、この国に根を下ろしているといいます。マークさんはパーソン・センタード・アプローチ、日本流にいうとロジャーズ派のカウンセラーです。ただ、ロジャーズ派はマークさんだけで多様な流派のカウンセラーを採用していると強調しました。

自分の可能性、自分の抱える深刻な問題、それを一番よく知っているのはその人本人であり、専門家はその人の可能性が開花し、問題克服を達成するのを援助する触媒であるというのがロジャーズの出発点でした。人間が自分の問題に取り組む歩みを援助し続ける気の遠くなるようなプロセスを支援するのが、カウンセリング本来の仕事です。マークさんはカウンセリングの生まれた米国よりも、イギリスでカウンセリングが発展したと考えています。ロジャーズ理論はイギリス人の方が活用できるとの主張です。私は、日本人もこの長いプロセスに寄り添う重要さは誰よりもよく感じていると言いたくなりました。ただ、日本の実践研究者は、丁寧な説明によって市民の理解を得る努力を行ない、社会に深く根付かせる作業は苦手だったかも知れません。マークさんは米国でカウンセリング現状の現地調査をしており、熱弁には説得力があります。

私はロジャーズの長女ナタリーさんと親しいのですが、彼女の意見では、米国では人の理論の踏襲は評価されない伝統があり、それぞれの人が自分の新しいスタイルを主張していかねばならないとのことです。この表層を見ると、父ロジャーズの理論は歴史的積み上げがないように見えるし、歴史的発展が認められないように見えるというのです。米国では、心理学専攻でロジャーズを知らない学生はいないと言われていますし、歴史的評価は慎重を要すると思います。ただ、二十世紀の特徴として、ある理論なり専門領域なりが世界同時に広がったわけですが、それぞれの地でどう発展させたのかは興味深いテーマだと思います。マークさんの主張には、歴史的に重要な理論は着実に発展させるとの英国の自信を知らされた思いがします。

人間的成長への願いを受け止める

最近の傾向として、本人からの申し込みよりも関係者からの申し込みが増えているとのことです。これは大学にはカウンセリング・サービスが必ずあるという認識にもとづくようです。カウンセリングに対する社会的評価が定着すると、周囲が申し込むという傾向が高まるのは自然かも知れません。

ケンブリッジ大学への進学が決まる頃から、カウンセリング希望が寄せられ始めるといいます。親、一般開業医、精神科医からの問い合わせが全国から寄せられるのです。

ケンブリッジ大学合格者は、大学受験に必要な十六科目で最優秀と評価された学生たちなので挫折とは無縁なのですが、厳しい受験過程で見られる気がかりなことへの配慮が家族や周囲の人から寄せられるようです。大学におけるカウンセリングは臨床的医学的色彩が薄れ、予防と成長援助に重点が移っているのがわかります。

若者に大きく成長してほしいという期待は万人の願いです。この願いをていねいに受容していくのは大変な仕事です。ケンブリッジ大学は、三十人のカウンセラーが年間六千の面接を行なっています。日本の現状に照らすと、余裕を持った対応と言えます。どんな歴史プロセスで、これだけの人員配置が可能になったのでしょうか。この国が英国病と言われていた頃、私たちの関心は米国一辺倒になっていましたので、そのあたりは定かではありません。この国のカウンセラーたちは、その時期も着実に歩み続けていたわけです。これは私たちにも励みになる歩みです。

お母さんの胎内にもぐり込んだようなホール

マークさんから頭上に気をつけるように注意を受けながら、狭い階段を降りていくと、地下にホールがあります。資料室と表示されているので、連れて来られなかったら気がつかなかったと思います。中に入ります。天井が低くて、全面に暖かい絨毯が敷き詰められたこの部屋は、まるでお母さんの布団か胎内にでももぐり込んだような空間です。自由に使えて、一日中でものんびりしていてよいのです。ケンブリッジ大学はのんびりできる場所は数え切れなくありますが、カウンセリング・サービスにも独自にこういう場が必要という判断なのでしょう。

壁には書棚がさりげなく作られ、さまざまな資料や本が並べられています。これも厳選されたものだけなのか、数は多くなく、さりげなく置かれています。世界に誇る図書館を有する大学ですから、資料を紹介するのが目的ではありません。気晴らしにちょっと眺めるためにあるのです。カウンセラーの配慮が温かく伝わってきます（備え付けてある図書の目録を入手し、ほとんど全部を購入して大学に持ち帰りました）。

のんびり寝ころびたくなるようなソファーもあります。次に、なんだろうと私が目をやったとたん、気配を感じたマークさんがスイッチを入れ、デスクに置かれた電気ストーブがパーッと明るく輝きました。これはうつ的になったときに効果のある太陽光ストーブ。三十分くらい、のんびり当たってもらうのだということです。

可愛いおもちゃがのぞいている箱があります。ケンブリッジ大生とおもちゃはミスマッチで、ユーモラスで楽しい感じです。マークさんがにこにこしながら、フエルトの袋を差し出しました。石が入っています。「ほら、こうやって撫でると、気持ちいいですよ」。全部ぺったんこにすり減っています。いったいどこから来た石なのでしょう。日本の石は、ころんと丸っこいです。この国は石の文化、古い建物は石造りです。石を撫でるとどんな風に気持ちいいのでしょう。日本の学生には、木製のおもちゃの方がいいのかも知れないとふと思いました。名残りつきない思いで部屋を出ました。人間には、のんびり甘えていられる空間が必要なのかもしれません。それも、ひとりでなく、優しい配慮を十分に感じつつ。お母さんの膝の近くで人生最初の友に会ったように、孤独をやぶる顔見知りでもできたらどんなにいいでしょう。そんな可能性を、共用ホールは提供しています。

自殺防止の決意を感じとる

マークさんから渡された資料を見てまず気づいたのは、「この大学の門をくぐった学生を、自殺で失うことは避けたい」との並々ならぬ思いです。

オックスブリッジ（オックスフォード、ケンブリッジ両大学の略称）での自殺者は、全国平均を上回るという風評を受けて、一九七〇～九六年までの二十六年間に亡くなった学生百五十七人に関する詳細な調査が行なわれてまとめられた報告がまず目にとまりました。ほとんどは事故とか登山などの冒険行為、そして病気によるもので、自殺との報告は十八人見つかりました。さらに詳細な調査によって、自殺の可能性があるものが十八人見つかりました。合計三十六人を換算すると、人口十万人あたりの自殺率は一一・三パーセントとなり、全国の若者の自殺率一二パーセントより低い結果であることが分かりました。風評を明確に否定する結果となったのです。ただ、自殺に関しては、真剣な取り組みで防止していきたいので、気がかりな場合は連絡してほしいとレポートは結んでいます。

ところで、『警察白書』一九八七年度版による日本の二十代の自殺率は一七・八パーセントです。

これは世界的には大変な高さです。マークさんに日本の高い自殺率を質問されたとき、「幸い、最近低下してきました」と反射的に答えてしまいました。この数値は、英国に持参した自著（『カウンセリングと出会い』）に出ているもので、質問されたときはすぐ脳裏に浮かびませんでした。世界の識者が日本の現状を正確に把握している事実を痛い思いで受け止めました。

一七・八パーセントという自殺率ですが、これは働き盛りである中高年の高い自殺率にくらべると、比較にならないくらい低い数値なのです。これでは、私たちは命を大切にしてないことになります。自殺は、福利厚生全体の問題として位置づけられるのがイギリス流です。個人の心理的問題にしてしまっては、解決への糸口を見失ってしまうという考え方です。大学の門をくぐった若者を自殺という形では絶対に失いたくないのは私たちも同じであり、二十一世紀の最重要課題なのは同じです。

最先端研究を拓くもがき

「ケンブリッジ大学では、卒業できないのではないかという不安に関する訴えはありません。第一級の成果をあげられなかったら困るという不安が大きいのが特徴です」。そう語るマークさんに、名門大学カウンセリング・サービスを守る誇りがキラリと輝くのを見ました。日本も電子工学、ロボット研究、理論物理、神経生理学、生命科学、数学など数え切れない世界の最高峰をいく研究が進行しています。神経をすり減らしながら努力する若い研究者で満ちています。彼らがスランプを訴えても、優秀さの方が印象的で、真剣に受け止められないおそれがあります。

カウンセリング実践を理論的に支えるカウンセリング心理学の基幹のひとつに、人間の可能性開花があります。医学的には深刻な問題になっていない訴えも、カウンセラーはていねいに受け止めます。ケンブリッジ大学カウンセリング・サービスには、若い研究者を受け止めてきた歴史の手応えがはっきり感じられます。

受付は職員三人のこぢんまりしたオフィスで、ここで申し込むと、隣の待合室に通されます。待合室はかなり広くて、八人から十人座れるソファーがあります。壁には情報ボックスがあって、四十種類のパンフレットが並んでいます。カウンセリング・サービスの利用法から不眠克服法など、多彩な内容です。自由と責任が尊ばれるこの国では、まず資料を参考に自分の問題を見つめ始めるのでしょうか。

ともかく、「情報を参考にしながら自分で考えられることもあるから、ゆっくり自分で考えてみてね」という方式を取っていることが分かります。「集中」という淡いオレンジ色のパンフレットに好奇心が湧きました。こんなことまでパンフレットにするのかと驚きました。八ページからなり、集中という行為の心理学的解説、自分の集中力を見つめて特徴を摑むこと、集中力を高める工夫、やりたくない嫌いな課題に気持ちを向ける工夫などがていねいに述べられています。誰でも思いつけそうですが、精神的にまいっているときはちょっとした工夫がひらめかないのが人間心理です。実に優しい配慮に満ちた内容で感心しました。日本社会に広がってしまった競争的でトゲトゲした社会風潮を超越した、成熟して落ち着いた風潮がイギリスで暮らしていると感じられます。ケンブリッジのような競争を生き抜き、トップを目指す大学こそが、トゲトゲした競争の雰囲気を超克した成熟社会を築く鍵を握るのかも知れません。

集中に関するパンフレットの結びに、四つの提案が示されています。もっと考えてみたかったら、次のようなことが考えられるという提案です。

（1）カレッジのチューター（各カレッジには相談担当者がいる）、あるいは指導教授と相談してみる。

（2）ほかの学生と意見交換してみる。

（3）セルフヘルプのための本を読んでみる（大学の出版部で扱っているらしく、紹介がある）。

（4）研究が進まないことを見つめるグループワークに参加してみる、または個人カウンセリングを受けてみる。

勉強が進まないことに関するシリーズには、「研究が進まない」「先延ばしする」「試験に立ち向かう」があります。すべてここでの実践研究をもとに作られたものです。

一番印象深く思われるのは、根性主義がまったく感じられないことです。また、精神的疲労を癒やすために休むことを勧める気配もありません。早い段階で問題に気づき、自分を理解し、前向きに克服するケンブリッジ方式が貫かれています。

グループワークの活用

グループワークが盛んに活用されています。グループワークは、一九六〇年代にカール・ロジャーズと同僚たちが始めたエンカウンター・グループに刺激されて、世界中で実践研究が進んだ形態で、グループを利用したカウンセリングと言えます。社会を形成して生きる人間の本性にフィットするのか、あっという間に多様なグループ活動が世界中に広がりました。文化や人種を越えてコミュニケーションを広げることが緊急課題となった現在なので、その実践はさらに発展しています。

多様なグループの展開を楽しそうに語るマークさんから、グループの企画が若者の成長に役立っているたしかな手応えがはっきり伝わってきます。現在進行しているグループは十一で、一回の長さは九十分、夏休みも開かれるもの、四回で終わるもの、八回で終わるもの、学期中は毎週開かれるもの、などさまざまです。

次のようなグループが開かれています。

- 勉強ができない？……勉強が進まない、先延ばしにする、意欲がないなどを見つめる。定員四人。
- リラクゼーション・トレーニング・ワークショップ……リラクゼーションの体験学習。タオル、マット持参。定員八人。

・ソーシャル・スキル・グループ……新しい人と交わるのが苦痛、自意識過剰などで困っている人のためのグループ。定員六人。
・試験のストレス管理……テストを受けるのが不安だったり、テスト中不安になったりして困る人のためのグループ。
・よりアサーティヴであるための学習……自分の要求、気持ち、好みを伝える方法を探求する四回のグループワーク。
・摂食障害グループ……過食、食事への強迫的こだわり、多食を抱える女性のためのグループ。話すだけでなく、苦しい気持ちを表現し合う。毎回参加しなくてもいい。八回。
・両親の離婚や離別体験のある人のグループ……両親の離婚などで感じてきた苦しさを仲間で支え合うグループ。
・アートセラピー・グループ……気持ちを視覚的に表現するよう促進するグループワーク。美術が苦手でもかまわない。創造性を体験するのが目的。継続参加が望ましい。
・アンダー・グラヂュエート・グループ……ケンブリッジでうまくやれないかも知れないと感じている大学生のためのグループ。人間関係、孤立、アイデンティティーなどを考えるのに最適。
・卒業生のためのグループ……深刻な状況でない個人対象。
・卒業生のためのグループ……社会適応に問題を抱えている個人対象。

セルフヘルプの支援

青年期は他者に依存したくない気持ちが高まる時期です。カウンセラーに反感を覚えて、カウンセリングがうまく進まないことも多くあります。それを問題とみなさず、個性として受け止め、自立的成長を支援することは重要です。

ケンブリッジ大学カウンセリング・サービスでは、セルフヘルプにチャレンジしたい人のための図書を資料室に備え付けています。のんびりソファーに横たわり、気に入った本を好きなだけ読んでいてよいのです。

セルフヘルプのための図書は、十六領域にわたっています。

①女性のためのテーマ、②虐待体験、③性的関係、④人間関係、友情、⑤学生生活、⑥可能性を開花する、⑦自信、自尊心、主張、⑧セルフ・カウンセリング、⑨健康、⑩食事障害、⑪不安、恐怖感の克服、⑫うつ傾向、⑬ストレス、リラクゼーション、⑭家族、⑮死別、⑯学習方法。

最後に、イギリスの精神的バックボーンとして、政府の歴史よりも長くこの国を支えてきた大学が作り上げたカウンセリング・サービスが響かせるのは、「どんなときでも、自分の正気を見失うことなく、自分を信頼して、自分らしい歩みを取り戻すことができるよ」という呼びかけです。そのためにできる限りの支援をするという決意です。

古いカレッジが所有する壮麗な聖堂は、この大学が中世の暗黒時代を体験した証であり、近代科学を生み出すまでの苦難が忍ばれます。それらの痕跡を破壊することなく包み込み、貴族の特権さえも暴力的に破壊することなく、議会の激論で縮小することに成功した国。今は、この国で汗を流してきた労働者の信頼を託された首相が世界を飛び回り、日本よりはるかに質素な暮らしなのに市民生活に安定感が漂っています。善良な市民が騙されることのないように法がにらんでいます。自分の足で歩んでいける、力尽きたときは福祉が守ってくれるというのは、かくも安心感を生むのでしょうか。クリスマス休暇が近づきましたが、インチキな旅行会社に気をつけろというキャンペーンがテレビで流されています。高額な心理療法に騙される心配も少ないです。アメリカで生まれたカウンセリングの精神は、この国の方が深く吸収したといいます。考えるべきテーマを山ほどもらって、私はカウンセリング・サービスを後にしました。

4　首都で苦闘するカウンセラーたち

ロンドン地区のカウンセリング・サービス所長会議は、アリソンさんが世話人で開かれました。首都で活躍する所長会議なので私はスーツを着て行きましたが、皆さんセーターやジャケットの軽装で、いささか戸惑いました。出席者のほとんどはロンドン大学各キャンパスの所長で、仲間うちの気楽さが漂う会議展開でした。出席者は十七人、男性は四人です。一時半からサンドイッチ軽食が提供され、会議は二時から四時過ぎまで。まるでエンカウンター・グループのような自由な語り合いが展開しつつ当面の課題が取り上げられていきました。

まず出てきた暗く重い本音

今、地球上の組織で構造改革の波に洗われてない組織はないのでしょう。英国は契約雇用システムで終身雇用制ではありません。カウンセラーたちも改革の波を受けています。所長にとって人員削減は頭の痛い問題です。この問題を見つめる所長たちの内面に漂う暗さを感じて、ひさしぶりに日本の空気を思い出しました。どこも変わらない人間の姿を見た気がします。ロンドン大学のあるキャンパスで、カウンセリング・サービスの閉鎖があったのですから深刻です。

「短期面接、明るい雰囲気」方式が、カウンセリング効果の高いことがカウンセリング心理学の調査研究で証明され、重々しい表情でクライエントを迎え、長期に関わる精神分析の流れを受けたカウンセリングは見られなくなりつつあると言います。私は、サイコセラピストの資格を持つ人も、看板はカウンセリングとしているので不思議に思っていましたが、そうしないとクライエントからの申し込みが減るためとのことです。閉鎖された所長は、精神分析的セラピーを専門にする人でした。しかし、閉鎖はそこで働くカウンセラーの生活を脅かしてしまいます。

当該所長の人柄に問題の根源を感じたメンバーの気持ちが語られます。それを受け止め、ますます暗い空気に覆われます。実際のところ、誰一人自分の人柄に全幅の自信など持てないと思います。あわてて、テーマを明るくしようとする議長。話し合いの結果、所長会議から当該カレッジ理事会に出された手紙への返事が公開されることになりました。理事会の返事は、カウンセリング・サービスを閉鎖するつもりはないが、学生から苦情が理事会に寄せられたこともあり、一時閉鎖するという内容です。

ロンドンは生活費が給料にくらべて高くつき、金融・情報など、高給職に人材が集まり、教師不足が生じているほどです。この厳しい生活環境のなかで、突然カウンセラー職が奪われる打撃は大きいものです。組合活動も盛んな国柄なので、カウンセラーの生活を守ろうとする突き上げも所長は受けねばなりません。この問題に対しては責任を持って見守り、所長会議としてできることは素早く対応するという意志確認がされました。

激しい大衆化に揺れるロンドン大学

前章で紹介したケンブリッジ大学とまったく異なるのは、首都ロンドンにあり、世界中からやってくる若者を迎える学生数六万人を有する巨大国立大学の使命は、大学の大衆化に成功することです。百年前、大衆は愚なる群衆とみなされ「衆愚」という言葉もあったことを思うと、世界は完全に変化したと痛感します。

ロンドン大学は、アフリカやモスレム諸国、アジアなど、学問の恩恵から遠ざけられた国々の学生を積極的に迎えています。難民としてやってきた子どもたちも大きくなり、大学にやってきます。それらの国の出身の有資格者をカウンセラーとして積極的に雇って対応しているカレッジもあります。一番大きな悩みは、学業についていけないための脱落者が多いことです。入学して二週間で退学願いが出されるという現状があります。大学理事会にとっても深刻な問題です。聞いていて、「基礎学力のない学生が大学を去るのは、どうしようもないな」と思いました。でも、ロンドン大学では、それは許されません。どうやって彼らを救い上げられるかが真剣な問題です。これは世界都市ロンドンの機能を左右する最重要テーマなのです。

印象深かったのは、精神科入院の若者を大学で受け入れる試みです。イギリスには昔日本にもあった全国的学生運動連合組織が現在も活発に全国展開しています。日本の場合は、イデオロギー論争に終始して消えてしまいましたが、イギリスの全学連は学生生活を支援する団体のようです。ともかく、全学連の要請を受けたロンドン大学のあるカレッジは、ケースワーカーが中心となってサポート組織を作り、受け皿となって「精神病院から大学へ」の実験的実践をスタートさせたのです。現在のところでは、再入院になるケースが少なく、精神病回復者の社会化を助ける効果が認められているということです。聞いていて、民主主義実践の原点を知らされる思いがしましたし、この国の明るさと自信の原点を確認したように感じました。そして、この試みを長く見つめてみたいと考えました。

世界史の激動を即座に受ける

今、イギリスでは、かつてのような東洋人に対する慇懃無礼な態度は見あたりません。初めてイギリスに来た十五年前とは大違いです。そして、この変化は政府のキャンペーンで生まれたものではなく、国民の努力から生まれたのだと思います。所長会議で世界史と共に揺れるロンドンを目の当たりにして、そう思いました。グローバルな人間尊重の姿勢が、市民レベルで根付いた必然性を確認した思いです。もちろん、地域によっては根強い偏見があるだろうし、悩みも問題も尽きないのが現実であるには違いありませんが。

九月十一日の貿易センタービルのテロ発生直後、アメリカからイギリスに避難してくるモスレム諸国の若者が数知れなかったそうです。アメリカよりイギリスを本能的に安全と感じての反応です。ただ、各大学はちょうど新学期だったこともあり、大学にやってきたばかりの純真な若者を過激運動に引き入れようとする密かな活動に悩まされることになりました。学生の揺れる気持ちを受け止め、過激な運動に入るのを阻止する活動を積極的に展開したら、今度はカウンセリング・サービスがねらわれる恐れがあります。過激な闘争に悩まされるこの国の姿が所長たちの話ににじみます。それも、世界中のありとあらゆる闘争を受け止めるのですから気の遠くなるような難しさがあります。危険な動きがあると、警察が大学をパトロールし、大学の雰囲気は暗さを増すといいます。大変な現状が語り合われています。

最近、モスレム学生の水死体が運河で発見されました。過激闘争派が多く住む地域でのことです。警察は酒に酔っての事故死と考えていますが、大学当局は深刻に重く受け止めています。パキスタン系イギリス人の女子学生は、夜間外出を避けています。不安感に悩まされる訴えも、数は多くありませんが認められるとのことです。所長たちの苦労は大きく、大変なのがよく分かります。

あるカレッジでは講演会を開き、モスレムの宗教者、ユダヤ人の聖職者、そしてイギリス国教会の司祭が招かれました。これを聞いた瞬間、みんなの間に思わず笑いが生じました。「そんなことして、効果あるの?」と。私も感じましたが、必死な努力は愛すべきものがあります。イギリス人は簡単にはへこたれないなと思い、私の気持ちに少し明るさが差し込むのを感じました。

現代と向き合う多様な試み

ロンドン大学の学生たちが放つ明るさは私にはまぶしいほどですから、先の見えない暗さを知ったことは驚きですが、さまざまな試みが活発に行なわれているのを知って心強く思います。ほとんどが女性所長なので、女性の活躍には圧倒される思いです。男だ女だという問題は、ここでは過去のものになっています。

Eメールカウンセリングはそのひとつです。地域に密着型のあるカレッジでの試みです。このカレッジでは、看護師、教師、一般事務職など、さまざまな人びとがパートタイム学生として学んでいます。そこで、カウンセリングに来るゆとりのないこれらの学生のために開設したのがメール・カウンセリング・プログラムです。ところが開設してみると、カウンセリングを中断した学生の相談が多く、驚かされているとのことです。かなり長文のメールが届き、週二日カウンセラーひとりが対応にかかり切りです。新しい試みに対しては、理事会が予算措置をしてくれるのでやっていけるとのことです。

カウンセラーからの応答は短くする原則で対応しています。報告にはおまけがついていて、コンピューターがウィルスにやられて現在ダウンしていて、その対応を研究中のようです。現在の若者は、電話カウンセリングよりメールを好むとの調査結果もあり、さらに発展させたい意向のようです。ただ、チャット形式は、のめり込む危険があるので、現在の手紙形式がいいだろうとの意見が多かったです。

イブニング・カウンセリング。これは夜七時までカウンセリング・サービスを開くものです。五時にはさっと帰宅してしまう文化なので、所長にとっては決断が必要です。カウンセラーの協力がなければ成立しないので、管理者としての悩みが大きいようです。

ヘルスサービスと共同で病気を持つ学生に対応するためのセミナーを開く試みも、かなり開かれています。これは大学で働く看護師、職員が対象です。心理劇を取り入れた楽しいセミナーにして、講義形式は取らないようです。一般的にカウンセリング学習に講義形式は有効でないと考えられているようです。糖尿病をはじめとした慢性病と闘いながら学ぶ学生への援助が看護師を中心に進められていますが、カウンセリングを学びたい要望が大きいとのことです。

勉強に関する悩みへの助言・支援も試みが始まっています。カウンセラーが理事会からこの仕事をするように委任されるケースも出ています。ヨーロッパの大学は卒業が難しいと聞いていましたが、脱落しないための援助が本格的に始まっていることを実感しました。各カレッジにはアカデミック・マネージャー、チューター等の学生に助言指導する担当者がいますが、これらの人のために、学生がフラストレーションに陥っているときの切り抜け方などを共に模索するセミナーを開いています。カウンセラーもまだ明確な答えを持っていないようですが、直視する必要のある課題を担当者と一緒に模索する試みは貴重です。勇敢だと思います。質問を受けても整った答えなどないことが多いのが現実なので、ロンドンのカウンセラーたちの挑戦意欲は刺激になります。

　最後に、山積する難問に対して、きれいな答えなどなくて当たり前という態度には考えさせられます。無理にでも答えようとするアプローチは、情があって親切ですが、結果的に相手をあざむく恐れがあります。まだ答えはないのですが、そのフラストレーションに満ちたプロセスを共に考えましょうというアプローチこそ、偽りのない真実であることも多いのです。二十一世紀は答えのない問いに挑戦し続ける時代になるでしょう。この力強さがあってこそ、ロンドンという巨大都市を営んでいけるのでしょう。ロンドンのカウンセラーたちの力強さは、ぼろぼろになった若者がよみがえっていく姿を見つめる喜びから発しているに違いありません。それこそが普遍的なカウンセラーの喜びだと思います。彼らの健闘を祈らずにはいられません。

5 学生相談二十五年、シェフィールド大学のコリン・ラゴさん

鉄工業と細密な銀工芸で世界に知られたシェフィールドに、大学ができて百年ほどたっています。この国では若い大学ですが、学生数二万三千を有する英国主要大学のひとつです。日本語学科は有名で、日本人教授も活躍中です。日本とのつながりが深いのでしょうか、博物館の喫茶室用の通路に立派な仏壇が飾られていて驚きました。銀装飾を豪華に使った立派な仏壇です。銀製品に誇りを持つこの地らしいとは思いますが、喫茶室に仏壇とは驚きました。

シェフィールドは、英国の主要重工業地帯のひとつだったので、ナチスの猛烈な爆撃を受け、歴史都市らしい建物は少ないのです。ですから、赤煉瓦が映えるビクトリア朝様式のシェフィールド大学はとても美しく、人目を引いています。

コリンさんは大学のカウンセリング・サービス発展を支えた人です。現在は、シェフィールド市の中心部にある築七十年余の民家がカウンセリング・サービスの建物になっていて、学生は町中に散らばるキャンパスからここにやってきます。カウンセラーは十七人、さらに四人の研修生がいます。著書を含めて六十余の発表論文を持つコリンさんですが、カウンセラーとしての人生を熱く歩んでいます。

ユースワーカーからカウンセラーへ

工学部を卒業したものの、エンジニアリングを仕事にする気になれなくて迷っていたとき、友人の父親で教育者の人が、「君にピッタリだから、やってみないか」と紹介してくれたのが、ユースワーカーでした。スポーツなどのさまざまな活動を通して若者の成長を援助する仕事です。余談になりますが、この国には人と関わる職種が多くて、職域が広いです。製造業中心の日本と随分違います。人間と関わる職種を希望する若者が日本も多いので、職域が広がってほしいとよく思います。ともかく、イギリスの職域の広さは羨ましい限りです。

コリンさんは仕事をするうちにユースワーカーという専門職があることを知り、一年の養成コースに参加しました。このとき、さまざまな本を手当たり次第に読み、人間には大きく成長する可能性があることを強調する理論に関心を持ったといいます。当時は著者の名前には関心がありませんでしたが、カール・ロジャーズの理論であることを後に知ることになります。こうして正式にワーカーとして働いた後、ジャマイカの学校に教師として赴任します。ここでもユースワーカー資格を生かした活動をします。この学校にはカウンセラーが配置されていました。この人がコリンさんに目をつけ、手伝ってくれないかと、ときたま頼まれるようになりました。そして、カウンセリングを通じて若者たちが自分の問題を乗り越えていくことを知ったのです。

そのカウンセラーが、工学部出身のコリンさんのために推薦状を書いてくれて、本国のカウンセラー研修コースに合格することができました。一年の大学院コースでした。修了後の研修期間を終えて正式に資格を得たコリンさんは、ある大学のカウンセリング・サービスに採用されました。就任三か月で上司が病気入院するなど、能力を試されるハプニングが続きコリンさんを鍛える好機となってくれたようです。この大学で十年のキャリアを積みました。

たったひとりのポスト、シェフィールド大学カウンセリング・サービスへ

コリンさんがこの地にやってきたのは十五年前でした。そのとき、カウンセラーポストは一人だったといいます。コリンさんは、カウンセラーがもっと必要であることを機会あるごとに訴えていきました。第一線の声を聞くシステムがイギリスの大学で確立しているのも、コリンさんの話から実感しました。しかし大学当局は、理解は示すものの、予算を大幅にはつけてくれません。このため非常勤カウンセラーのポストで妥協しながら、少しずつカウンセリング活動を充実していきました。シェフィールド大学は、現在、カウンセラー十七人のうち、専任は四人です。コリンさんはカウンセラー

たちの老後の年金のことなどを含め、職域の安定のため格闘中です。多くのカウンセラーは、二か所で非常勤として働くような形で生活を成り立たせて活動しているとのことです。コンピューター・ビジネスを含め、新職域が生まれている現在、カウンセリング分野でも新しい形の就労体制を考える必要もあるのかも知れません。この国でたくましく貢献するカウンセラーたちの姿はいい刺激を与えてくれます。

現在、イギリスの大学進学率は四〇パーセントで、政府は二〇一〇年に五〇パーセントになるのを目指しています。大学は、少数の優秀な人材を育成するという目的を脱ぎ捨て、広く二十一世紀の社会づくりに参加し、ひとりの人間としても幸せな人生を築く市民を育てようと燃えています。若者の抱える多様な問題も、人間の抱える普遍的問題として受け止め、克服にチャレンジすることを重視して、カウンセラーを配置しています。イギリスが若者の明るさを失わずに進学率五〇パーセントを達成できたなら、これはすごいことです。日本のような出生率減少が生じていないので、国全体の人口バランスの健康さと若者のパワーで二十一世紀社会の範となることでしょう。

若者の能力開花を見守る喜び

カウンセラーから臨床心理学科教授への移動は世界的に広く認められますが、コリンさんが教授職に移らず実践現場に生き甲斐を感じるのは、若者の変化を見守る喜びだといいます。これはユースワーカーとして若いエネルギーを燃え立たせた日から一貫して変わっていないと言えるようです。特に若いときには、文字通り体を張ってがんばったようです。

芸術学部の教授が、「何年かにひとりしかいない天才的能力を秘めた学生だ」と言ったクライエントの話を聞きました。苦悩を抱えてやってきた彼は、今にも自殺するのではないかとの気配を漂わせていました。心配で、次の朝もう一度会う約束をしましたが、なかなか来ない。こういうときのカウンセラーの心配は大変なものです。われわれ人間には死にそうな人を助けようとするものすごいエネルギーが与えられています。これが吹き出てくると、ときにはカウンセラー自身が吹き飛ばされそうにさえなります。もちろん、ひとりの人間としては、自分のなかに激しく他者を思うエネルギーが与えられていることに気づくのは幸せです。人間であることを本当に愛することができるようになるからです。

死のうとしているのではないかと心配していると、「食事に行っていて遅くなりました」と彼がやってきました。「こりゃ、なんだ！」というのが、コリンさんの驚きでした。カウンセリングを受けて少し楽になると、人心地を取りもどし、食べたくなるのを私も目撃したことがあります。コリンさんに受け止められて、その学生は人間らしい朝食をとることができたのです。

この彼は、あるときカウンセリングルームの窓ガラスを割りました。大学当局は氏名を明らかにするよう求めてきました。コリンさんが思いついたのは、名前を明らかにはできないけれど、窓ガラスの請求書は本人に渡すという妥協案で、これが大学側に受け入れられ、切り抜けることができました。どんなときにもクライエントの側に立つというのは本当に難しいことです。それでも、カウンセリング六十年の歴史で、カウンセラーたちがこれを守ったからこそ、麻薬常用から立ち直りたい人が安心して相談に来るまでになったという現実があります。誰にも語っていない過去を見つめたい人が訪れてくるし、社会のためにならないから死んだ方がいいと絶望した人が、生きる道を探しに訪れます。

若いときは、世界を治癒できるのはカウンセリングだと言わんばかりに取り組んでいたと、コリンさんが笑いながら語ります。今も、そんな若いカウンセラーが世界中で奮闘しているに違いありません。たしかに、カウンセリング実践にはエネルギーが必要です。パワーのある若者にどんどん参加してほしいと思います。

最後に、シェフィールドまで車で行くために高速道路を使いました。通行料は無料でした。ガソリン代さえあればどこまでもただで行けるのは、市民にとって安心だろうなと思います。

方向指示器を点滅させたまま車線変更をためらっていると、ピカッとライトを点けて入りなさいと合図してくれるのには驚きました。日本では、「こらっ！　邪魔するな！」と威嚇される体験ばかりで、いつもビクビクしていたからです。大動脈の高速道路一号線で、ビルが動いているかのようなでっかいトラックが道を譲ってくれるのです。市民の心理的ゆとりを何回も感じました。

シェフィールドのホテルのプールで泳いでいたら、入れ墨のある男性が、それはそれは楽しそうに泳いでいました。日本のプールでは、彼らはすべて立入禁止です。背中いっぱいの入れ墨に、最初はドキッとしましたが、すぐ慣れました。私たちの国も、人間と人間の信頼関係を考え直した方がいいのではないでしょうか。

6 近代的総合大学、イースト・アングリア大学

イギリスに住み始めて四か月、アカデミズムの層の厚さ・多様さ・市民との深い連携がますます見えてきました。大学は孤立した機関ではなく、市民生活と切り離しては考えられない「私たちの大学」という色彩が強いのです。地方に行くほど、この色彩が強くなります。ノリッジ市民にとっての「私たちの大学」、イースト・アングリア大学は、カウンセリングの活発な大学です。日系作家カズオ・イシグロの母校としても有名です。イシグロ氏の文章力は在学中から注目され、優れた創作レポートの模範例として、今も学生に紹介されていることを今回の訪問で知りました。現在この大学を世界的に有名にしているのは、ヨーロッパ連合の環境政策を支える基礎研究を行なっていることです。

ノリッジ市は、エリザベス一世が泊まったホテルが今も営業しているような歴史都市でもありま

す。しかし、大学は一九六三年設立の若い大学です。若木の勢いを感じさせる大学なのです。何百年という歴史を持ち、世界的有名人を綺羅星のように育てたイギリスの大学にいささか圧倒されそうになっていたので、この若い大学との出会いは新鮮で、若い大学の長所を考える機会になりました。

学生部長の直属機関として活動する

私が訪問した日は、ヨーロッパを突風が襲い、大きな被害を出した日だったので、事故を起こさないよう早めに出かけたら、三十分も早く着いてしまいました。ホールのソファーにのんびり座っていたら、事務員の方が、「先に、学生部長にお会いになりませんか」と気を利かせてくれました。日本人研究者を迎える手はずが整えられていたようです。心細い気もしましたが、好意に従うことにしました。

学生部長はイギリスの大学では専門職になっていて、大学運営のベテランが敏腕をふるうシステムです。イースト・アングリア大学の学生部長は物理学者だった人で、笑顔の美しい紳士です。英国紳士らしいユーモラスな説明を聞いているうちに、何だか楽しくなってくるのを感じました。日本に行ったことがあり、かなりの数の大学を知っています。

私はすぐに、大学教育にとってのカウンセリングの意味づけとか、教職員に認知されているかなどの質問は無意味だと悟りました。大学におけるカウンセリングの重要さは聞くまでもないことなのです。

学生部長が私に一生懸命語ったのは、イースト・アングリア大学は、心をこめて若者を育てていること、大学が一番大切に考えているのは世界との交流であること、日本の若者が国際性を磨く場としてここに来てほしいということでした。日本から多くの留学生が来てほしいと熱情をこめて語る学生部長に、二十一世紀というものを見つめさせられました。

ノリッジ市はロンドンから列車で二時間弱で行けるイングランド中央部の大都市です。日本の若者が学ぶのには安全で物価も安く快適です。海にも近く、新鮮な魚も手に入ります。日本人への信頼も厚く、居心地がいいのです。日本は、あと二十年ほどで国民の三〇パーセントが英語を話せるようになる必要があるでしょう。若いときに外国に出る体験も必要になってきます。この大学の日本に寄せる熱意はありがたく思わずにはいられません。イギリスはヨーロッパ圏の国々だけでなく、アフリカ圏や中近東圏が近く感じられますし、世界のただ中にいる体験ができます。日本の若者にとっては貴重な留学経験になります。

氷河湖を見下ろす広大なキャンパス

私が滞在している訪問者のための宿舎から眺めると、氷河が刻んだ細長い湖が夕日を受けて美しい姿を横たえ、湖を囲む林がどこまでも広がり、この大学が素晴らしい自然美に恵まれているのが分かります。朝になると、暗いうちから鳥たちの乱舞が始まります。窓のそばを大群の鳥が舞い上がり、次の瞬間には緑の芝生に真っ白な点となって静まりかえります。鳥柱を作って空高く舞い上がったかと思うと、バラバラになって乱舞します。その光景は、まさに息をのむ美しさです。

一九六三年創設というと、イギリスが戦後処理を終えた頃できた大学と言えそうです。豪華な建物ではありませんが近代的であか抜けた構造になっています。ひとつ、またひとつとキャンパスが増えていった古い大学とまったく異なり、創立時から二十学部ある近代的構成の総合大学なのです。職員は二千人、学生数は一万三千を数えます。大学の規模にすると学生数が少ないのです。

この大学のユニークなところは、二十学部が三つの学群を構成して、大学機構全体が有機的統合性を保って展開できるように配慮されている点です。

第一群。健康・専門職群。ここに含まれるのは次の学部です。医学、看護・助産、作業療法・理学療法、教育、法学、現代言語・翻訳、科学基礎研究（一年間の授業で、科学研究学群への入学を可能にする基礎コース）。

第二群。人間研究・社会科学群。次の学部が含まれます。開発途上国研究、経済社会、歴史、言語学、社会学、美術・音楽。

第三群。科学研究学群。次の学部が含まれます。生物、化学、地球環境科学、数学、システム科学。

現在、日本からの留学生は九十六人で、英語が苦手な点を除くと何の問題もないとのことです。昔の留学生が悩まされた社交性の欠如などは特に目立たない模様で、日本人も大変貌を遂げつつあるのかも知れません。この伸びやかなキャンパスで百人近い日本の若者が学んでいるのは心強いことです。

大自然に癒やされそうなカウンセリングルーム

カウンセリング・サービスは、大学の中央に位置します。学生部の前にある建物です。ここは申し込み事務などが忙しく進行する活動的な場です。カウンセラーは八人で、それぞれがオフィスをここに持っています。

カウンセリング・サービスの前から、通路に引かれた黄色のラインをたどっていくと、カウンセリングルームのある建物にたどり着くことができます。塔になった建物に大小十一室が作られています。どの部屋に入っても、あの美しい湖の景色が広がっています。ちょうど夕方だったので、本当に息をのむ美しさです。こういうところで、自分を見つめ、苦悩を乗り越え、可能性を見つけ、人生づくりに着手できたらどんなにいいでしょう。

そんなゆとりは皆無のまま、戦後の廃墟に驚きながら走り始めた私たちの世代の歩みを思います。新しい世紀の若者には、落ち着いて人生を創造してもらいたいと思います。

イギリスは、三十歳までの若者の五〇パーセントに、大学教育を受けさせたいと考えています。三十歳まで！　それなら二十五歳くらいになってから大学に行きたくなっても大丈夫ということになります。歩み出せないまま家にいる若者にチャンスを提供できます。訳の分からない煮えたぎる思いに焼かれそうになっていた人も、二十五歳ともなれば落ち着いてくるかも知れません。人生づくりに着手する意欲が生まれてくるかも知れません。

大自然の癒やしのエネルギーをもらえそうな、こういうカウンセリングルームで自分を見つめている若者がいると思うと、豊かな気持ちになります。

優雅さを漂わせる所長のジュディーさん

カウンセラー八人に非常勤カウンセラーを加えると、総勢三十人という大所帯を束ねる所長のジュディーさんは、優雅さを漂わせた人です。「息子をピアノのレッスンに連れて行ってきたの」。息子さんは十二歳とのことなので、四十代にさしかかったと推測されますが、ともかく深い落ち着きをたたえていて、一緒にいてリラックスできます。

どこからこの雰囲気が来るのかだいぶ考えました。どうも無用な気づかいなどしないことと関連している気がします。紅茶を入れてもらったり、いろいろ親切にしてもらったのですが、不思議に恐縮する気持ちが起きません。「すいません」という言葉がでません。初めての場で初めて会った人といて、自然に落ち着けるのはいいものです。

気配りを美徳とする日本の女性文化に、多くの女性がくたびれてきています。イギリス女性はどんな風に自然体を身につけてきたのでしょう。おしゃれや宝石に飽きてしまって生まれてきた自然体なのでしょうか。ビクトリア朝の着飾った女性像とあまりにも違うので不思議でなりません。

もうひとつ痛感するのは、日本のキャリア女性に共通して見られる、ちょっと戦闘的でテキパキした事務的対応が見かけられないことです。これも新鮮に映ります。テキパキした敏腕女性になろうと

来談学生の抱える問題群の上位

自信，アイデンティティー問題	24.1%
パートナー，友人との関係	18.6
家族との関係	14.9
学業に関する心配	9.3
気分の落ち込み，変動	6.4
不安	6.1
環境の変化，ホームシック	4.8

するのもくたびれることです。

自分自身を個性豊かな人間に育てるためには、その参考になる多様な人間イメージを持っている必要があります。良い人と知り合いになれたと思いました。日本は成熟した社会を実現する大切なプロセスにさしかかっているので、一足早く成熟社会に入った国の人びとの味わいは参考になります。

カウンセリング・サービスは月曜と木曜は夜九時まで開かれます。年間五百人の学生と教職員が利用し、面接数は三千を越えます。この大学もケンブリッジ大学と同じカウンセリング創設者カール・ロジャーズの流れをくむカウンセリングを行なっているとのことです。来談学生の抱える問題群の上位を占めるのは、上の表のような問題です。

学業を支援する

学生部長直属の機構として学生の成長を支援するカウンセリング・サービスらしい活動として、学業に絞り込んだカウンセリングを特別枠として設定していることがあります。たとえば、日本でも工学部を中心に学生のドロップアウトが問題になっています。日本の若者の学力低下を嘆く声も聞かれますが、イギリスは捉え方が異なるわけです。カウンセリング・サービスが個人的ふれ合いを提供するなかで、個別な支援を模索しているのです。

「本大学の目標は、教育と研究を通して学習と知識を発展することにあります。また、学生が大学教育の恩恵を自分のものとするよう援助します」。

イースト・アングリア大学の大学憲章そのものが、大学が象牙の塔を抜け出て国民と共に生きることを固く誓った内容になっています。この精神があってこそ、大学で学ぶことにつまずきそうな学生のためにカウンセリングを利用する視点も生まれると思います。エデュケイショナル・カウンセリングと呼ばれるこの特別枠が作られたのは、一九九五年です。日本の若者は、大学入学までに学力をめぐって心理的疲労を深めているので、劣等感情を大きくしない配慮が必要です。このエデュケイショナル・カウンセリングを拡げて、若者の世界を明るくできたらどんなにいいでしょう。年報を参考に、その実像を少し紹介します。

▼Rは、マネージメント学部の学生で、研究発表をめぐる不安の高まりについて医者に助言を求めました。医師が勧めなかったらカウンセリングに来ることはなかった学生です。来談したRは、何を話してよいのか分からない様子で、学業のことを話したい気持ちはあるが、自分を見つめたりするのは嫌な様子でした。

カウンセリングでは研究発表の仕方を語り合い、ロール・プレイで模擬発表をやってみたりしました。この体験は日頃から感じていたRの不安をやわらげる効果をもたらしました。自信が生まれてくるとカウンセリングへの関心が高まり、学業以外の話をするようになりました。母親が高齢で、彼の成功を楽しみにしていることがプレッシャーになっていることなどを話し始めたのです。またマネージメントの世界では、難題が出現したときに、明確で効果的な解決法を提示できるように思考力を高める必要があることなどを語りました。カウンセリング終了時には、リラックスできるようになり、他者の評価にあまり悩まされなくなりました。

▼Jは、化学部の学生で、チューター（教育指導担当教師）の紹介で来談しました。ずば抜けた頭脳の学生で、実験に打ち込んでいましたが、テキストを読もうとするとひどく疲れるのに気がつきました。やがて手抜きのレポートを出していると悩むようになり、テストが気になり始めました。怠けているように感じ、気持ちが落ち込んできました。

カウンセリングを始めて数週間は、主として勉強方法、焦燥感、落ち込みを中心に見つめました。やがて読書にとられる時間が長すぎることが浮かび上がってきました。高校時代から続いていることも分かったので、読書プロセスを詳細に見つめ直しました。その結果、自分の言いたいことを文章で表現することが難しいことが分かりました。口頭表現の方が楽なことも分かってきました。読書障害の可能性を考える必要があるので、学習支援サービスに紹介して、教育心理学アセスメントを受けることになりました。読書困難という結果が出たので、学習支援サービスの援助を受けて改善することになります。Ｊはその援助が自分に役立つという希望を持つことができました。

最後に、一人ひとりの学生に応じた可能性実現への地道な援助教育が展開されていることが、報告書を読むとよく分かります。優秀な学生だけを集める切り捨て型教育を行なってきた日本の教育のことが心配になってきます。手のかかる学生をやっかいに感じる気持ちが教育者の内部に住みついていないとは断言できないからです。

つい最近、ロンドン大学カウンセリング・サービスから頼まれて、日本人留学生と出会いました。彼の住む寮の関係者が、部屋から出てこない彼のことを死ぬほど心配していました。担当者に案内されて寮を訪問したのですが、そのとき担当者が、「あんないい子が、あんなに苦しんでるなんて……」と私につぶやきました。彼女の言葉に、愛から出た思いやりを感じてハッとしました。「あんないい子が」と感じる気持ちを見失わず、多様なカウンセリング実践を日本でも実現したいものです。

7　最北の地で五百年、重厚さの光るアバディーン大学

地球のてっぺんに近い最北の地に、五百年の歴史を刻む大学があることを知って、何か深い感動に包まれました。ともかく、訪ねてみることにしました。

季節は真冬で、アバディーンの夜は氷点下続きなので、こわごわやってきました。ところが、ここは寒さなどものともしない北の人びとの息吹に満ちた町です。目の前を、まるで木彫りの漁師人形みたいな肩幅の広いおじさんが歩いていきます。ここは港に近い下町です。ドックには完成間近の漁船が美しい姿を誇っています。カモメたちが北風をものともせず甲高い鳴き声をひびかせて飛び回っています。そして、日本の漁港のような臭いが漂っています。

見上げると丘の上に、御影石の建物としては世界一美しいと言われるマーシャル・カレッジの優美

な塔が、朝日を浴びて神々しい雰囲気を放っています。詩聖バーンズが生まれたのも不思議ではないと思われます。最北の地にこれだけ手応えのある都市が存在していることに、英国の底力をあらためて見直さずにはいられない思いです。

ルネッサンスのヒューマニズムを暮らしに拡げようと開学

最北の地にも大学が必要だと考えたのはこの地の司教エルヒンストーンでした。彼は、人びとの暮らしを守るためには医師、教師、牧師、法律家が必要で、それらの知識人を育てる大学がどうしても必要だと思ったのです。そして実現まで十年に及ぶ苦闘がスタートしました。大学は巨額の資金を必要とする施設です。今から五百年前のヨーロッパでは、ローマ法王の協力なしには大学設立は不可能だったといいます。この最北の地からローマまで出かけて嘆願するのは大変な苦労でした。司教はパリ大学、オルレアン大学、ボローニャ大学などに協力を嘆願し、世界一のレベルを持つ大学設立に邁進しました。大学設立が決定し、時のローマ法王アレクサンダー六世と会見したエルヒンストーンは、ルネッサンスで開花した知性の光をすべての人に提供する開かれた大学とすることを固く誓いました。この誓いは今も受け継がれているのです。今から五百年も前に、エリートのためではなく、万人に開かれた大学がスタートしていたということには深い感動を覚え、北辺の地を訪ねた喜びに満たされました。

世界から集まった三十六人の学者が大学の灯をともしたのは、一四九五年のことです。英国五番目の大学がこうして生まれました。二年後には、英語圏では初めての薬学部が開設されました。現在は北海油田関連の研究など、世界をリードする研究が展開しています。学部は十二学部、各学部に多様な学科が開設されていて、ここで学べない学問はないと思われるほどの充実した内容を誇っています。三十六人の学者でスタートしたアバディーン大学は、現在、学生数一万一千人、スタッフ三千人です。

若い学生、貧農の息子に詩聖の魂を吹き込む

「蛍の光」と言えば日本でも知らない人はいませんが、原作者のバーンズは、英国ではバーンズの日というのがあるほどの国民的詩聖です。ところで、バーンズの日には彼の詩を読んで、貧しいスコットランドの農家が考え出した羊の内蔵を使った料理を食べるらしいのです。今から二百五十年ほど前は、豊かな人びとが肉を買い、貧しい人びとは自分たちでも買える内臓を使ってその料理を考え出しました。その祖先の苦労を今も偲ぶとは、まるで日本人みたいだと思います。

バーンズはアバディーン大学の卒業生です。大学の売店でバーンズの少年時代を描いた子ども用の絵本を買ったのですが、その内容には考えさせられるものがありました。

一七五九年生まれと言えば、江戸中期の人ですが、彼はスコットランドの小さな村に住む貧しい農民の息子でした。この村にはグラスゴー大学の学生が週に二日やってきて、子どもたちのために学校を開いていました。黒板もなければ机もない農家の仕事小屋が教室になりました。バーンズは読書と

作文で秀でた子どもでした。学校のない日は、長男として父親を助け、農作業に励んでいました。貧しい農家では、一本のロウソクだけが明かりでした。夜になると、この明かりのもとで、バーンズは富農の友人から借りてきた本をむさぼるように読んでいました。父親は謹厳な人で、宗教歌以外は歌うのを禁じるような人でしたが、母方の親類にスコットランド民話を語るおばさんがいました。妖精や魔女に悪魔などが登場する物語です。バーンズはこのおばさんの所に通い詰めて空想に酔いしれる文学好きな子どもでした。

バーンズに読み書きを教えたグラスゴー大学の学生マードクは、卒業後近くの町のギムナジウムの教師になりますが、秀でた少年のことが忘れられず、バーンズをギムナジウムに招いて授業を受けさせてくれました。授業料を払うことなく学ぶ機会を得ることができたのです。バーンズはここで可能な限りの知識を吸収し、燃えるような向学心をふくらませていました。友人たちが大学に行くのをうらやましく感じながらも、自分の状況を受け入れ、農作業に励む日々が続きました。

バーンズが詩を書き始めたのは十五歳のときでした。いっしょに農作業をしていた少女に恋心を覚え、詩を贈ったのです。バーンズはさまざまな詩を書くようになり、これが評判になって出版されるまでになりました。大学入学に必要な学費ができたのです。日本で言えば江戸中期に、自分の力で大学生になった若者がいたとは驚きです。

バーンズを詩聖に育てた学生のような情熱は、現在も世界中の若者のなかにあると思います。カウンセリングに関心のある学生たちの情熱が、現代の子どもたちを大きく育てる可能性を秘めていると思います。

日本の隅々にまで作られた国立大学が独立法人として生き残る苦闘のさなかにあります。三十六人の学者でスタートして、五百年の歴史を刻んだ大学の苦闘から言えるのは、きっとアカデミズムの灯は守られるに違いないということです。辺境の地にこそ大学は必要なのだということを改めて痛感します。アバディーン大学を創設した司教の信念は不滅の真理です。

家庭的雰囲気で学生を迎えるカウンセリング・サービス

約束の時間より二十分も早く着いてしまいましたが、北風の中で時間つぶしをするわけにもいかず、カウンセリング・サービスの扉を押しました。最北の地特有の真横から射してくる陽光に、ひときわあざやかに映える観葉植物が目に飛び込んできました。待合室と書いてあります。ここで待たせてもらおうと思ったとき、受付の人が顔を出しました。早く来てしまったことを告げ、待たせてほしいと言うと、「何か飲みませんか」という思いもかけない返事が返ってきました。これまで見てきたカウンセリング・サービスと、何だか随分違う雰囲気です。

待合室は、四畳半くらいの広さで、なかなかステキな空間が作られています。施設は新しく、南側は全面ガラス張りでとても明るくなっています。

ここで待っていると、学生が来るたびに受付の女性が、「何か飲みませんか」と声をかけているのに気づきました。その声に、最北の地に住み続けてきた温もりを感じました。スコットランドは、氷河が溶けて地面が表れた一万年前から人びとが住み始め、人種の往来や侵略があったものの、古代人からの伝承が現在に受け継がれている土地柄です。

後で知ったのですが、受付の隣にキッチンと呼ばれる小さな部屋があって、ここは自由に自分の好きな飲み物を作れるように開放されています。カウンセリング・サービスは、人間の温もりが蘇るように工夫された空間を提供している感じがします。

牧師からカウンセラーに受け継がれて十二年

所長はアンジェラ・ボルトさん、女性です。アバディーン大学で学んだ後、カナダの大学で大学院を終え、以来カウンセラーとして働くこと二十年になります。この人もロジャーズの流れをくむカウンセリングを行なっています。

アンジェラさんは、最北の大学にまで日本のカウンセリング心理学者が訪ねてきたということに大きな好奇心を抱き、私のことを知りたい様子で面食らいました。「ロンドンで調査すれば十分なのに、なぜアバディーンまで？」という疑問です。冷や汗が出そうになりつつ説明しましたが、もっともっと何かを知りたい様子でした。アンジェラさんに伝えるべきだったのは、自分のなかに宿る好奇心だったのかも知れません。

さて、アンジェラさんの話を聞いていて、カウンセリングという活動の歴史は非常に長いのではないかと考えさせられました。聖職者を育てることは、アバディーン大学設立の柱のひとつで、開学時からの歴史があります。アバディーン大学では、開学時から神学部卒業生が、大学生の精神的サポートを行なってきました。五百年前には、神学的視点から精神的苦悩の援助を行なっていたわけです。その後、宗教革命があり、ローマ法王庁がスコットランド支配をもくろんだ時期もあり、エリザベス一世がローマ法王に支配されない独自の教会運営を決心して、国教会を設立しました。

イギリス中の修道院が破壊されたり閉鎖されたりしましたが、アバディーン大学も一時は機能停止になるほどの混乱期を経ています。それでも、聖職者による学生の精神的苦悩支援はとぎれることはありませんでした。二十世紀になり、ロジャーズがカウンセリングを近代的形で創設すると、聖職者がカウンセリングを学び、カウンセラーの資格を得て、神学的立場ではなくカウンセリングという専門職として学生の精神的苦悩を援助するようになりました。

大学理事会がカウンセリング・サービス設立を決定したのは十二年前のことです。聖職者からカウンセラーへと担い手が移行されたのです。北風の中をやってきた人を、まず温かい紅茶で迎えるアバディーン大学流は、この国の教会の雰囲気を伝えているのかも知れません。ルネッサンスの人間解放精神に人類の歩むべき方向を見つめ、万人に開かれた知性の殿堂を設立したことは、神学部の有り様をも変えていたのでしょうか。

アバディーン大学教育学部大学院にカウンセラー養成のためのディプロマ・コースができたのは二年前とのことです。新世紀到来と同時の設立と言うことができます。カウンセリングの重要性を指摘するような展開です。

陽光を恋う若者たち

若者というものは、人生を開くための熱いエネルギーを探す旅人なのかも知れません。学生たちは極北の長い夜に圧倒され、太陽を恋しがっていると、アンジェラさんが話します。その思いに象徴されるのは、若者たちが人生を熱く求める心の動きだと思います。静かに語るアンジェラさんに耳を傾けていて、そう思わずにはいられませんでした。

有史以前から北海と闘って生活を切り開いてきた北辺の地で生きる人のたくましさだけを見ていては、内面的に苦悩している若者たちを理解することはできません。暗い抑うつ的ムードに取りこまれた学生にとって、暗い長い冬、夏になってさえ、霧雨に閉ざされてなかなか顔を出さない太陽は、心の芯まで凍結しそうな重さがあるようです。

「以前は、学生が抑うつ的な気持ちを語り始めると、私も重くなっていました。でも、今は違います。学生たちが乗り越えていけると確信するようになったからです」。

陽光の薄さに負けないたくましさを獲得するまでの彼女のカウンセラーとしての成長プロセスに思いを馳せながら、最北の地で展開するカウンセリングの現状を嬉しく聞かせてもらいました。

最北の地で人びとはたくましく生き抜き、精神的向上を実現し、アカデミズムの殿堂を築き守り抜き、福祉的配慮の行き届いた成熟社会を実現してきました。アバディーンを歩き回って、そのことがよく分かりました。しかし、それはアンジェラさんの話に象徴されるような精神的苦闘を乗り越えて築かれたことを忘れてはならないでしょう。人間心理の複雑さ多面性を忘れて、単純な人間性発達を描くなら、人間理解から遊離するでしょう。

アバディーン大学カウンセリング・サービスには、リラクゼーション室が作られています。小さな空間ですが、可愛らしい椅子が置かれ、観葉植物が陽光を浴びて美しいです。ここで、学生はのんびり時間つぶしをしていいのです。部屋の隅には、ケンブリッジ大学で見た太陽光ストーブが置いてあります。三十分ほど太陽光を浴びて体の活性化を図るのです。日本なら、青い畳の美しい黙想室がいいかも知れません。

繰り返しになりますが、寒さを恐れながらやってきたこの町で、人間のたくましさをいやというほど感じました。特に、海洋博物館で、古代から北海と闘い造船技術や魚を捕る技術を発達させてきた歴史に触れたのは感動的でした。世界の海を制覇したイギリスという威圧的歴史ではなく、やせた土地と薄い陽光の中で生活を支えるための真剣な努力の歴史を知りました。海底深く眠る大地の恵み、石油を探り当てる努力の歴史も迫力があります。イギリス人の国民食と言われるフィッシュ・アンドチップ（鱈を豚カツのように揚げ、フライドポテトを添えた料理）に使う鱈はスコットランド漁場が主体で、陸揚げされた鱈をさばいている写真の女たちは、それはそれはたくましいものです。博物館を歩いていると、何だか元気になる気がしました。

アバディーン大学には、北海に散らばる無数の島々からも優秀な学生が入学して来ますが、彼らは島の暮らしと大都会の暮らしのギャップに投げ込まれて悩むのだといいます。親のたくましさをストレートに現代生活に役立てることができない局面を、現在の若者は生きています。野性的たくましさを持たないカウンセラーが、たくましく育てられながらそれが通じない状況を生きる学生をサポートするのです。世界は、多様な人びとが、思いもかけない連携で支え合う時代に突入したようです。

文明を世界へ！　アバディーンと長崎を往復したトーマス・グラバー

長崎のグラバー邸は修学旅行のメッカで、私も行ったことがありますが、アバディーンにもグラバー邸*があることを知って驚きました。

真冬で観光客の姿はなく、かなり苦労して探し当てました。「あなたが訪ねてくるのがわかってたら、キルトを着て迎えたかった」というヘンドリーさんの笑顔に会ったときは本当にほっとしました。冬場に訪ねて来る人はいない様子で、ていねいに案内してもらうことができました。伊藤博文が泊まっていた地下牢のような部屋を見たりして、ただただ驚くことばかりでしたが、最北の地で花開いた熱い文化が、鎖国で萎縮した極東の島国日本を文明化する助けをした背後には、五百年に及ぶアカデミズムの歴史があることを感じずにはいられませんでした。日本の若者を英国に連れてきて大きく育ててくれたグラバーに感謝し、彼の努力を紹介したいと思います。

アバディーンのグラバー邸は、トーマスのお父さんが退職するときに購入したもので、極東貿易で

---

*注　グラバー邸。GLOVER HOUSE, 76 Balgownie Road, Aberdeen AB 22 8 JS, Scotland, UK.

富を得たグラバーも資金援助したようです。丘の上の見晴らしのいい素晴らしい所に建っていて、築二百年です。父親は沿岸警備隊長にまで昇格した人で、トーマス少年（一八三九～一九一一年）は夏でも凍り付くように冷たい川で水泳を楽しみ、父の部下と遊びながら操舵技術を身につけ、父の大好きな魚釣りを自然に学び取っていました。

現在はアバディーン大学の一部になっているギムナジウムで学び、十七歳で商事会社に就職しています。このギムナジウムには工学教室があり、トーマスはここで、後に役立つ工学技術を学んだのではないかと推測されています。二年後には上海支局に栄転しています。お父さんの年収の三倍を提供されたといいます。頭角を現したトーマスは、一八五九年九月十九日に、二十一歳という若さで長崎にやってきました。二年後にはグラバー商事を設立、日本の文明開化に関わり始めます。七人兄弟の六人が男性で、船の販売をするお兄さん、船長のお兄さん、アバディーンでグラバー商事を作った弟がいたことが、トーマスの日本での活躍を実現させる力になったようです。ところで、長崎にやってきた西洋人は一様に、上海の悪臭から逃れられたのが嬉しかったらしいのです。町の清潔さ、物乞いにまったく出会わないことなど、トーマスが長崎で感じたことが詳細に書かれた伝記を読むと、工学技術の後れに驚きつつも、彼が日本を優れた国と認識していることがわかります。

トーマスが一番大切な仕事と考えたのは、日本の漁船の効率改善でした。「これじゃ、市民の食卓を潤すだけの魚が捕れない！」と驚いたようです。はるばるアバディーンまで帰ってきたトーマスは、日本に持って帰るドックと造船設備一式を自己資金で整えたといいますから、太っ腹です。「日本の造船、ここに始まる！」。私に説明するヘンドリーさんの顔が紅潮して、それはそれは嬉しそうです。

日本の文明化に情熱を傾け始めたトーマスの次の仕事は、「海軍を作らないと、列強から攻め込まれたら、この日の昇る国はつぶれてしまう！」ということでした。スコットランド沿岸は絶えず列強の侵略にさらされたので、沿岸警備隊長を父に持つ人らしい発想だと可笑しくなりました。ただ、トーマスが心配したように、ロシアに侵略される可能性はあり得たので、彼の日本への肝入れをありがたく思わずにはいられませんでした。トーマスは、またまたアバディーンに帰ってきて、再び自己資金で軍艦を購入すると、三百人のイギリス海軍兵を伴って長崎に帰りました。こうして海軍の仕事ぶりを、肥前・薩摩・長州などの役人に紹介したのです。

やがて、日本の近代化を願う薩摩の若い志士たちに、実際に議会政治や市民生活を伝える必要を感じたトーマスは、十九人の若者をイギリスに留学させることにしました。一八六五年、維新の直前です。英国にやってきた若者の教育に対する助言を求められたユニバーシティ・カレッジ・ロンドンのウィリアムソン教授は、数人ずつのグループに分散させ、日本語で話し合えないようにして、徹底的な英語教育から始めることを提案しました。こうして、アバディーンにも何人かの日本の武士が来ることになりました。一番若かったのは十三歳、トーマスのお母さんがとても可愛がりました。彼らは、トーマスの母校のギムナジウムで英語教育を受け、その後ケンブリッジ大学、オックスフォード大学、ロンドン大学などへと進学しました。グラバー邸からギムナジウムのあるオールド・アバディーンまでは徒歩一時間弱です。今は、二月の初めですが、可愛らしいスノードロップが咲き始めています。この道を、燃えるような目をした武士たちが歩いたかと思うと感慨深いものがあります。

つぎつぎにやってきた若者のなかに伊藤博文もいました。部屋が足りないので、地下室が提供されました。漆喰で塗り込められた部屋ですが、石炭部屋の隣で、まるで土牢のように見えます。朝の四時には下女たちが石炭を運び出し始めたといいます。彼らの教科書としてエンサイクロペディア・ブリタニカも活用されました。当時のものがそのまま残されています。ともかくあらゆる知識がここで吸収されたわけです。バーンズの詩にある「蛍の光、窓の雪」のような努力が、このグラバー邸で現実に行なわれ、日本の近代化の基が築かれたのです。

トーマスは日本のエネルギー不足と整った道路がない状況を改善するには、鉄道を発達させ石炭を運ぶ必要があると考え、再びアバディーンに帰ってきました。炭坑を作るための設備と蒸気機関車、レール等一式を購入し、日本に持ち帰ったのです。トーマスが長崎のグラバー邸と造船所の間を走らせた蒸気機関車が、日本人の好奇心を刺激しました。見物人が詰めかけたといいます。軍艦や炭坑よりも蒸気機関車に歓声をあげたのは、日本人らしいなと思います。トーマスは、自己資金を日本のためにつぎ込みすぎて、後に破産しました。ただ、その頃には日本の造船会社が大きく育っていて、顧問として彼を迎え、トーマスは終生を日本で過ごしています。

グラバー邸で手に入れた伝記には、『スコットランドが生んだ武士』* とあります。そこには日本と

＊注　伝記。Mckay, Alexander (1993). Scottish Samurai Thomas Glover. Canongate, Edinburgh.

の関係に誇りを感じるイギリス人の姿がありました。ただ二月は、第二次世界大戦で日本の捕虜になって亡くなった軍人を偲ぶ記念日があります。イギリス人の日本に感じる思いは実に複雑だと思われます。私たちにできるのは、「鬼畜米英」のような狂信的愛国主義が二度と燃え上がらないように、人間が幸せに向かって解放されるように、そのための現実的で開かれた論理性を獲得するように、アカデミズムの歴史を堅実に育てることでしょう。

8 若者のもがきに見える二十一世紀のテーマ

カウンセリング実践は、個人の内面に深く立ち入るために厳しい守秘義務を課しています。このため、研究者がその実際に立ち入ることはきわめて難しいのです。今回、関西大学とロンドン大学が提携関係にあるため、ケース・カンファレンスやスーパーヴィジョン、研究会などに参加させてもらうことができました。この国で、まさに二十一世紀を生きようとする若者たちの内面を知ることができて、感謝に堪えないものがあります。事例を公にすることはできませんが、私が書きためた資料のなかから大切な二十一世紀のテーマを述べることにします。

自立と依存

親元を離れて首都ロンドンにやってきた学生たちは、自立と依存の間を激しく揺れながら人生づくりに取り組んでいます。その切実なもがきに触れて、日本の若者たちとちっとも変わらない内面を知りました。人間としての普遍的共通性を強く感じることができました。

個人主義の徹底したこの国の若者と、引きこもりに代表される親の保護を甘受している日本の若者では、外に表現される形は異なりますが、激しく揺れる心理的ダイナミズムはそっくりなのです。日本人の内向的特性、依存性、他者の視線を気にして萎縮する傾向は、激動する時代に自己実現を達成し、人類の進歩に貢献していくにはマイナスに作用し、日本人らしい良さを発揮する足かせになると心配ばかりしていたので、自立できないともがく若者の内面に触れてちょっとホッとしました。日本の若者を否定的に見ず、普遍的な若者のもがきとして受け止めたいと思います。「あなたたち、日本の若者にくらべたら、うんと自立しているよ」とは絶対に言えません。彼らは、本当に悩んでいるのです。

イギリスにいると、長い冬を必死に生きて文化を築いた人びとは、肌と肌を寄せ合って温もりを分かち合って何万年も生きてきたのではないかと感じることがよくあります。たとえば、クリスマス休暇に入った大きなショッピング・センターは可愛い少女たちが連れ立って買い物に来ています。しばらくお別れになるのか、「素敵なクリスマスを！」と別れの挨拶をしながら、しっかり抱き合い、キスをしています。そんな光景にぶつかると、はじめはドキッとしたものです。親と子もしっかり抱き合って気持ちを分かち合います。「お母さん、大好き」という感情は、身体で感じる温もりを伴っています。

「そばに、お母さんがいない！　辛いときに抱きしめてくれる人がいない！」。遠く離れて自立して生きる辛さは、若者をつきぬける痛みとなっています。離婚など複雑な状況が絡み、親も子どもが自立していくことが辛いことも多いのです。こういう場合は、親を突き放さないと若者は自立できなくなります。しかし、そうやって自立しようとする自分の姿に自己嫌悪を感じて、重くてどうしようもなくなります。親子関係に限らず、サークルでの友人関係や先輩後輩関係、チューターと呼ばれる個人指導をしてくれる教師との関係など、あらゆる場面で自分の依存性に気づいて苦悩する若者の姿があります。

依存性を抜け出そうとするプロセスで、人を近くに親しく感じる近親感情をも依存的感情ではないかと戸惑いが生じます。人間は人間を近くに感じることなく生きることはできません。ですから自立を目指す若者の努力には危険な努力も含まれることになります。若者の妥協を拒否するこの危険な努力は、日本の若者にも見られるものです。自立しようと危険なまでに努力する現象にも普遍性が認められるわけです。さらに、自分の感じていることを人に話したら、自分という人間が誤解されると恐れる傾向も同じです。これは、出口のない葛藤に自分を閉じこめてしまうことにつながります。

自立と依存の間をさまよい苦悩する若者が歩むその危なげなプロセスを見守るテーマは、世界共通と言えます。

心の巣を探す

依存する場を持たない若者がカウンセリング・ルームに拠り所を求めて訪れています。何らかの形で自分が育った環境を批判し、より良い環境を求めて巣立つのが青年の特徴ですが、自分を育てた巣に立ち去りがたさを感じることさえできない状況は、心理的負担が大きすぎます。ケース・カンファレンスなどで若者の内面に接すると、若者が生きる厳しい現実を突きつけられた気がします。そして、これも世界中で同時進行している現象と言えます。

若者は「心の巣」と表現するのがふさわしい精神的居場所を見つけ自分を支えることができて初めて、真剣に大学生としての目標に向かうことができます。精神的居場所がないまま取り留めのない生活が続くと、アルコールや薬物などで苦悩を和らげる方向へと誘われる危険があります。コンピューターやテレビなど、取り留めのない生活に埋没させすぎる素材に囲まれた現代生活があります。カウンセリング・サービスでは、個人カウンセリング中心からさまざまなグループ活動展開へと活動の多様化を計って、若者が悪循環に陥らない支援を模索しています。

帰る巣を失った若者の状況はさまざまです。

・家族が精神的に荒廃していて暴力を振るう兄弟がいる。帰りたくても帰れない。
・家族としての心の絆が失われたのは幼いときで、自分を守りながら、逃げるように大学にやってきた。
・乱れた性的関係を続ける父親の姿に思春期になる頃から悩み、自分にも同じ血が流れていることで悩んでいる。
・思春期に精神的に荒れていたために、自分が原因で両親が離婚したと信じている。
・家庭の事情で祖父母の家に引き取られ、夜の十時に帰宅したら鍵がかかっていて入れてもらえなかった。その厳しい方針に耐えながら、やっと大学生になり、家を出ることができた。
・退屈な希望の低い両親の姿に幻滅している。いつの日にか両親を肯定するときが来るかも知れないが、今はともかく家族から自分を切り離し、大きな夢を描きたくてたまらない。

そういうところを生き抜いたのが人間の歴史だと言えるのかも知れませんが、愛情で結ばれた幸せな家庭で育った若者が多い時代には、若者たちは本当に辛い思いを毎日味わい続けています。病的になっているわけではないのだから、孤独に耐えて頑張りなさいとは言えません。大学に入学したのを好機にするよう、心の拠り所を何とか見つけようとしている彼らを精神的に支援しているカウンセリング・サービスは、本当に貴重だと痛感しました。

世界中からロンドンにやってくる若者の内面に触れて気づかされるのは、人間が苦闘しながら大きな成功をおさめた足跡を感じることのできる、世界の都ロンドンが若者に希望を与える拠り所になっている現実です。ロンドンは夢を実現した先人を感じることのできる魅力的な町なのです。もちろんケンブリッジ大学でも同じことが言えます。ケンブリッジの場合は、世界をリードする先人を生み出した場として若者たちの敬愛を集めています。

ともかく若者たちは、過去を清算して人生づくりに取り組む機会を多くの人に与えた場に「心の巣」としての安定感を求めてやってきます。さらに、その場で引き続き人生を模索しながら二十代を過ごそうとします。ケンブリッジ大学のヒッピンさんの話では、若者が住みつくので企業の方が人材を求めて進出してくるようになり、ケンブリッジの町は、イギリスの最先端産業中心地として発展中なのだといいます。ケンブリッジ大学カウンセリング・サービスは、卒業後も自分を見つめたいとの要求に応えるカウンセリングさえ提供しています。

若者と大学、そして「心の巣」の獲得による自発的な人間成長という循環関係は二十一世紀にはますます重要になるでしょう。若者たちは、ほとんど動物的な嗅覚で人間に大きなチャンスを提供する場を探し出すでしょう。日本も、近代科学を産業に取り入れることに成功した国として世界の若者の嗅覚に捉えられているかも知れません。世界的頭脳を持つ若者の嗅覚に捉えられたなら、こんなありがたいことはありません。日本が開発した新製品をめざとく報道するテレビニュースをよく見かけます。世界は日本に熱い視線を注いでいるようです。世界中から若者を迎える用意が必要になったと思います。

早過ぎる性体験の爪痕

一番衝撃を受けたのは、早過ぎる性体験の危険な爪痕です。これは絶対に日本でも生じている問題だと思います。ただ、日本の若者が性の問題を自分自身の乗り越えるべき課題として前向きに認識し、カウンセリング関係を心から信頼して相談に訪れるまでには、もう少し時間が必要かも知れません。私たちが誠実な実践活動を積み上げて社会的認知を得る必要もあります。イギリスで苦悩する若者の体験に触れることができて幸いです。

ボーイフレンドとの性的関係を苦痛に感じるクライエントが、原因となった初めての性体験を語り始めます。「十五歳でしたか」とたずねるカウンセラーに「十七歳でした」と答えが返ってきたといいます。「早過ぎた性体験でなかったのになー」という反応がカンファレンス出席者の間に広がります。性体験の平均年齢は十五歳と聞いて驚いているのは私一人でした。

果たして十五歳の体験で、心の傷に残らない性体験が可能なのでしょうか。

この問いかけそのものが、この国では意味のないものになってしまっています。これは本当に危険だと思います。十五歳といえば、まだ同性の友人との深い友情を作りあげて、思春期に生じるゴタゴタを語り合う必要があります。

大学生になるまでに何人ものボーイフレンドと性関係を体験し、深く傷ついている女子学生の内面に触れ、その残酷さに声を失ってしまいました。こんなことが、今本当に起きているのです。クライエントは二十二歳、二十五歳、二十八歳になっています。それまでの月日に、心の傷を深めてしまった若者たちが数え切れないほど存在していることを考えねばなりません。しかし、この国の現実は、エイズをはじめとする危険な病原菌から子どもたちを守ることで手いっぱいです。これは、あまりにむごい現実と言えます。

古来から、性的関係は生命を伝えていく神秘さや神聖さを伴ってきたので、女性が深く傷ついているのは明白です。しかも、その傷に気づくのは、問題が悪化してからです。人間はロマンを求める生き物なので、性体験は個人的体験として深くベールに覆われたまま悪循環し、深い傷として認識されるまでに年月がたっているのが現実です。この問題は、受け止める側が、人類史を貫く深い人間愛を燃やして受け止め支援せねば、生命の歴史が光を失いかねない深刻さをはらんでいると思います。

クリスマスを祝う伝統行事に、この国の人びとはすごいエネルギーを燃やしています。イルミネーションに輝く通りを歩いていると、いつしかロマンチックな気分に浸されてきます。部屋の飾りから、テーブルセッティング、何家族かが合流するための用意、料理の買い出しにいそしむ姿。秋は黒一色と言えるほどだったロンドンの町は、深みのある鮮やかな赤を着た人びとで晴れやかにごった返しています。クリスマスを迎える人びとの姿は、人間の温かさを放っています。

クリスマスの基になる伝統行事はキリスト教がこの国に来る前からあったそうで、その中心は生命への愛なのです。暗く長い夜がクライマックスを越え、光が戻ってくることを喜び合う祝いだと言います。クリスマスを祝う人びとの姿に小さな希望を見つめ、この残酷な心理的傷つき現象を克服していきたいと祈らずにはおられません。

国を越えた移動

国境を越えて移り住むことは、たとえそれが希望に燃えた自己決断から出ていても、心理的には大きな負荷になっています。これはロンドンを目指してやってきた若者の体験から生々しく伝わってきます。二十一世紀に生きる人びとに共通のテーマとして大きく浮かび上がりつつあるので、個人の心理的弱さに還元することなく真剣に受け止めねばなりません。

陽気な国民性で知られるブラジルからやってきた学生が引きこもりがちになった自分に気づいてやってきました。ブラジルを出て十年もたっています。単身で働きながら資金を蓄え、大学を卒業し、大学院に入学して現在二十九歳。挫折は絶対にできないという緊張状態にあります。引きこもりがちということは、出席できない日が出てきたことを意味します。単位取得不能に直結するので、深刻です。カウンセラーに支えられ自分を見つめ、自己否定感情と取り組みながら出席する心理的エネルギーを得て歩む姿には、痛々しいものがあります。心理的エネルギーが確かな流れとなったことを確認できるまで長期カウンセリングを提供することは、ロンドン大学ではできません。カウンセリングは八回までという限定があります。そうせざるを得ないほど要望が多いのです。若者たちは、厳しい現実を生き抜かねばなりません。

スウェーデンからの留学生はイギリス人と区別できないほど英語を使うことができます。それでも美しい英文を書く能力が不足している現実に打ちのめされそうになっています。母国では、スウェーデン語の文章表現力が高く認められていた学生なのです。

イタリア人留学生は、日本人教師の英語が聞き取れなくていらいらが高まってしまいました。これを聞いたとき、反射的に、苦労している日本人教師のことが心配になりました。この学生は、貧しいなかから応援してくれている両親を思い、成果をあげなければならないという焦りがあって、何かにつけて心理的苛立ちに駆り立てられているのです。

アフリカのある国では、現在も結婚は親が決めます。それを拒否してイギリス留学したものの、この国にとけ込めなくて苦しんでいます。「あなたには、アフリカ人が家族を思う気持ちは理解できないでしょう」、ポロリと漏らされた気持ちをどう受け止めていくのか、カウンセラー側にも悩みが大きいです。

バングラデシュ、トルコ、サマリア、サウジ、パキスタン、ガーナ。私たちがまだその特徴さえ摑めてない多くの国からやってきた学生たち。シェフィールド大学のコリンさんからは百二十か国、三千人の留学生がいると聞きました。二十世紀末に始まったこの急激な国際化に人類はまだ慣れてなくて、不適応を生じやすい局面を歩んでいることを、人間の現実として受容し、支援するというテーマが私たちの前にあります。

ロンドンを目指して、あるいはイギリスを目指してやってくる若者たちは、母国に戻って人生を切り開こうとは考えていません。その昔、江戸で一花咲かせようと若者が江戸を目指したように、この国で人生を切り開こうとやってきたのです。挫折して母国に帰ることなどできません。心理的内面はきわめて深刻です。その若者を受け入れて支援するのがこの国の仕事だと考えるイギリス人がありま す。

日本も同じ課題と向き合い始めている現実が展開しています。日本人留学生がイギリスでカウンセリング・サービスを利用しているように、世界からやってきた若者が日本で活躍する能力を獲得する苦闘を私たちも支援せねばなりません。どこまで寛容になれ、どこまで真剣に受け止められるでしょう。人間は国境に縛られずに移動し始めています。

多様な民族が寄り添って生きるもがき

地球を氷河がおおっていた時期には日本がユーラシア大陸の一部だったように、イギリスも大陸の一部でした。イギリスから東へ東へと太陽の昇る地を探して歩き始めた人たちの血が私たちに流れていないとは言えません。氷河が完全に溶けて島になってからも、広い海にさえぎられた孤独な島ではないので多様な民族が押しかけてきたと見え、実に多様な大きさの人たちがいます。北欧のように背の高い人ばかりではありません。

シェイクスピアの芝居には肌の黒い人が登場するから、アフリカ系イギリス人の歴史もきわめて古いようです。ただ、長崎にやってきた黒人が遊女と交わることを禁止した江戸の役人に象徴されるように、黒い肌を受け入れるまでに人類は長い年月を要しました。それが自然に解かれてきたのはごく最近で、今、多様な民族が肌を寄せ合って生きることへのもがきが私たちの前にあります。

ここに白人の典型のような白い肌、美しい金髪の女性がいます。夫はアフリカ系イギリス人で、社会的地位も高いです。彼女の痛みは、新しい出会いがあるたびに「あら、アフリカ人みたいな名字ね」と言われることです。彼女のもがきに寄り添って響いてくるのは、人類は祖先の歴史が大きく異なる人種と肌を寄せ合って生きるというテーマを克服していないという事実です。人種を越えて愛し合った夫婦は、人びとの感じる違和感に傷つけられています。高学歴の人びとの間では、民族間葛藤は克服済みのこととして知的に了解されてしまっています。もがきを正直に語れない複雑さがあるようです。

そういうわけで、彼女の内面的なもがきは吐き出す場を見失っています。彼女自身に偏見があるからだと、冷たい非難を浴びかねない厳しい現実を彼女は生きています。そのもがきが人格を揺るがす心理的外傷にならないようにサポートが必要です。個人の秘密と尊厳を守り抜くカウンセリングの場で初めて吐き出し、落ち着いて見つめ、心の傷が癒やされる重要性を目撃すると、身の引き締まるものを感じさせられます。

愛は、人種、民族、歴史を飛び越えて生まれます。これは奇跡としか言えない不思議さだと思います。もがきの渦中にある若者たちを受け止め、彼らが自分たちを清明に見つめるプロセスに寄り添うカウンセラー側は、自分を高め、歴史的偏見を乗り越えた清明さを獲得して、クライエントを受け止める必要があると思います。動じず淡々と受け止めるこの国のカウンセラーたちを見てそう思います。二〇〇一年九月十一日の貿易センタービルの事件で人類は変化したとイギリス人は言います。たしかに、人類史の何かが大きく変わったのかも知れません。その変化を実践するひとつは、歴史的に大きく異なる人たちが愛に結ばれた後のもがきを受け止め、支援することであるに違いありません。異なる民族が肌を寄せ合う時代のもがきを受け止めるカウンセリングが始まっているのです。

III

二十一世紀のカウンセリング

1　カウンセリングの一般化と浸透

イギリス人がカウンセリングに抱くイメージは、「ティー・アンド・シンパシィー」（お茶となぐさめ）なのだそうです。精神的に疲労し尽くしたとき、温かいティーと心からのなぐさめがどんなに人を蘇らせることか計り知れません。なぜこんなイメージが生まれたのか分かりませんが、イギリス人らしい誠実で堅実で論理的な実践展開から生まれたことは事実でしょう。年輩の専門家は、「えっ、カウンセリングで食べていけるんですか」と驚かれた経験を持つ人もいて、このイメージに残念な気持ちを滲ませる人もいます。ただ私は、研究者の不眠不休の努力が技術を生み出し、工学のことなど何も分からない私でもコンピューターを使えるように、カウンセリングも市民生活にとけ込んでこそ専門性が完結されると思います。だから、この温かいイメージを定着させたこの国のカウンセラーの努力に敬意を抱かずにはおれません。

キングスクロス駅のそばにできた新大英図書館でカウンセリング理論を調べていたら、ロジャーズ理論が出てきて、中核理論は成長原則となっていました。「身体的精神的成長は、プレッシャー、強制、罰の恐怖がないときに最も促進される。来談者中心セラピーは、成長と治癒の促進、自己実現力の再獲得の二点に特徴がある」というのが現代におけるカウンセリングの定義です。自己実現という言葉は日本でもなじみ深い概念になっていますが、カウンセリング実践研究で一般化された概念なのです。

サマリタンズ

自己実現力の再生を、「お茶となぐさめ」の原理で援助している民間団体に「サマリタンズ」*（いのちの電話）があります。創設者のチャド・バラー氏は二〇〇一年の十一月に九十歳の誕生日を祝いました。イギリス国教会の牧師で、サマリタンズを創設したのは一九五八年といいますから、もうすぐ五十年がやってきます。現在は、宗教と無関係の市民のための電話相談ＮＧＯです。本部は、世界中からきた観光客でにぎわうオックスフォード通りとリージェント通りの交差点に近いロンドンの中心地にあります。事務局長はプロクターさん、明るいエネルギッシュな働き盛りの男性です。サマリタンズは有給職員をイギリス全体で六十人有する大きな組織に発展しています。相談担当者は全員ボラ

＊注　サマリタンズ：Ｅメール連絡先、jo@samaritans.org または samaritans@anon.twwells.com.

ンティア。最初は「ボランティアに何ができるの？」という評価に悩まされたようですが、相談員トレーニングの改良を続け、今では国民全体の信頼を勝ち取っています。
私の住むコテナム村のニュースレター（自治体からの連絡、群議会と村議会の報告などが載せられた二十ページの冊子。各戸に配布されます。民営化され、広告収入でまかなわれているようです）にも、役立つ電話番号のページに警察・病院・学校・自治体・教会と並んでサマリタンズ・ケンブリッジ・センターが記載されています。サマリタンズが全国で重要な役割を果たしているのが分かります。ロンドン本部を訪問してさまざまな資料をもらいましたが、広報のためのパンフレットに市民への呼びかけがあります。そこには、次のように紹介されています。

電話で話すだけで、絶望と自殺願望が変化します。
難しい問題は、どんな人にも生じてきます。
私たちに何でもお話しください。
絶対に批判しません。あなたが迷いを見つめるのをお手伝いするだけです。
私たちは心を開いて、どんなに長い時間でも聞かせていただきます。
私たちボランティアを信頼して話してください。
私たちは、あらゆる職種、さまざまな背景をもっています。
耳を傾けるための厳しいトレーニングを受けています。

お電話ください

昼でも夜でも、一年中いつでも開いています。
直接話したい方は来てください。
英国とアイルランドで二百を越える支部が相談室を開いています。

サマリタンズ本部の相談室は七室。麻薬やアルコール依存などの人格崩壊が深刻なロンドンで、何の詮索もしないで誰でも迎え入れることは、危険も覚悟の大変な決意が必要です。相談室には、連絡用の非常ボタンが密かに作られています。ボランティアの安全を守るためです。必要なら、相手に分からないで押せるように設置されているのです。でも、まだ実際に使われたことはないそうです。そのことを、本部センターではとても誇らしく感じています。このことを説明するプロクターさんの嬉しそうな表情が気高く感じられ、私も嬉しくてなりませんでした。

理屈を抜きに人間の切実な感情を共有し合うことが、人間が生きようとする原点になることを実証するこの活動の重要さは計り知れません。こういう実践こそ、研究者にも自信を与え、アカデミズムを豊かにする研究に取り組むエネルギーを与えてくれます。

サマリタンズが現在の緊急課題と考えているのは、ホームレス援助、青少年援助、自殺願望克服支援の三点です。まさに現代社会共通の緊急課題です。

ボランティア活動発展の背景

イギリスは、日本にも知られている世界希少動物保護団体や自然保護を目的とするナショナル・トラストをはじめ、サマリタンズや前に紹介したブランドン・センターなど数え切れないNGOが活動しています。日本では共感を呼ぶと一時的に基金が集まりますが、翌年には関心が失われてしまう傾向が強くて、継続的な活動は困難をきわめると聞いたことがあります。ところがイギリスでは、最近聞いたニュースによると、金持ち階級より庶民の方が多く寄付をしているそうです。そんな調査があるなんて、びっくりしました。そして、次の日には、金持ち階級の人の反論が放映されました。

ともかく、市民の末端に広がった、社会を自分たちの力で支えようとするこの気迫は、一朝一夕にして生まれるものではないでしょう。市民が払う税金は日本より高いので、本当に感心させられます。さらに今、国民の高齢化が進み、お年寄りを守るには増税しかないとの方針を市民は認めざるを得ないと考えています。市民社会の成熟を肌で感じ、考えさせられることが多いです。

イギリス人は、市民革命を経て市民が権利を持つことが大切と考えていますが、彼らがそれを獲得したのは、ミレニアムから数えて三百五十七年も前のことです。日本は敗戦まで、地主に収穫のかなりを納める農民の姿がありました。苦しすぎる負担に黙々と耐える人びとの姿があったのです。ただ、そこを生き抜いた庶民の歴史を誇りにする必要があると思います。惨めな過去が生々しく記憶されていて、誇りに思うところまで歩み出せていない現実がありますが、若い人には過去と決別して自由になってほしいと思います。

イギリスは階層社会だと日本では言われますが、来てみるとそうではありません。下層階層と言われる比率は、強いて言えば五パーセントほどです。私の質問に答えてくれた女性は、「下層階級という表現はビクトリア時代の表現で、自分は好きじゃない」とつけ加えました。王様がいることについては、「アメリカの大統領を見ると、うっかり大統領制にはできない」というのが誰も口にしない本音のようです。貴族が上院に終生議員として議席を有していますが、これも労働党の手で穏やかに改革されつつあります。

精神的支柱となる思想の重視

市民が自由にペンを持てる文化が長く続いているためか、世界中で愛読される小説を書いたイギリス人作家は数え切れません。なかでも、この国ではディッケンズが敬愛されていることを来るたびに感じて関心を持っていました。クリスマスイブの深夜に『クリスマス・キャロル』の映画がテレビ放映されることを知って、真夜中の二時に目覚ましをかけ、起き出して見ることにしました。本を読んだのは少女時代ですから本当にひさしぶりで、ストーリーも曖昧になっていて、必死で聞き取りながらの鑑賞となりました。まず驚いたのは、テレビ放映に手話通訳者がついたことです。画面の右下に小さく映し出され、最初はちょっと気になりました。手話通訳のついた映画放映を見たのはこれが初めてです。字幕より温かみがあっていいのでしょうか。それとも字幕が読めない人への配慮でしょうか。あらためて、ディッケンズへの英国民の思い入れを知らされました。

『クリスマス・キャロル』は一八四三年の作品で、市民が貧しい暮らしにあがいていた頃の話です。さまざまな事情から愛に背を向け、ひたすら汚く金儲けをする金融業者が、亡霊の導きで、愛に満ちたひとりの人間へと変身する話です。クリスマス・イブに仲が良かった妹の忘れ形見の甥が、無駄と知りつつ伯父さんをディナーに誘いにやってきたのがきっかけになったのか、あるいは事務員の息子で先天的障害を負っているけれど心の清らかな少年に親しみをこめて呼びかけられたせいか、クリスマス・イブの深夜、夢で亡霊が訪れてくるという展開です。クリスマスの朝に目覚めて自分がまだ死んでいないことを知った金融業者は、商売で得た利益は市民のために広く使ってこそ意味があり、自分も他の人も幸せになれると深く決心します。演じる役者のみごとな表情の変化に、ただただ感心させられました。

映画を見終わってもう一回眠り、目が覚めたらイギリスの長い夜が明けていて、まぶしい光に迎えられました。あの金融業者が迎えた朝に似ていました。なんだか、私の今までの人生で一番意味深いクリスマスの朝に思えました。

世界金融の中心地ロンドンで、イギリスが最も繁栄したビクトリア朝に入る前にこれが書かれたということは、この国にとってはまさに宝だったのではないでしょうか。こういう作品が市民に考えるきっかけを提供し、今日につながる力になったのではないでしょうか。情報の多様化した現在では不可能ですが、テレビもラジオもなかった時代に書物がもった影響の大きさは計り知れなかったと思います。福祉的配慮をまるで空気のように自然な当然な配慮とする市民感情がなければ、NGOが市民社会で重要な機能を果たすことは難しいと思います。

国家が責任をとれるかといえば、政府が巨大になるばかりだし、むやみに公務員を増やせるものでもありません。イギリスでカウンセリングを訪ね歩いて、質素な建物を最大限に生かして実践を深める姿勢に接したことは、考え方を新たにする体験となりました。アメリカで立派な公立相談機関を訪ねたとき、入り口を守るガードマンの腰には銃が光っていました。市民への配慮は役人の仕事と決めつけない方が安全かも知れません。銃でガードして守る福祉を、市民が心から信頼することは難しいと思います。

今、イギリスでは、九月十一日のニューヨーク貿易センター事件を境に、人類史は変化したといわれています。どのような激変が今後も襲い続けるか予測できませんが、その先には人類全体への福祉的配慮の実現という目標があることは間違いないと思います。カウンセリング発展は、あくまでも、市民サイドに立って追求していく必要があるでしょう。

私の脳裏を、オウムのサティアンが開放されたときに放映された、青白い顔の子どもたちやその母親の姿がよぎります。精神的にさまようという人間に普遍的に認められる現象を悪用する魔の手がひそむことを恐ろしいと思います。サマリタンズのような信頼できる相談機関がどんなにそんなときの助けになるか知れません。イギリスでの実践を、私たちも参考にしたいものです。

日本人の文章表現力はイギリスでも高く評価され、日本の翻訳小説が棚に並んでいます。この豊かな表現力に、悠久の未来を見据えたヒューマニズムを添えた優れた作品が生まれてほしいと祈らずにはいられません。工学中心に発展を遂げた歴史に、文学が持つ影響力を加味しないと社会の成熟は難しいのではないかと、ちょっと心配です。

2　ロジャーズ生誕百年記念講演会

夕闇につつまれる頃、聖ゲイル教会は暖色系のライトを浴びてクッキリと存在を示し始めます。ノリッジ市にとって記念すべき教会なのでしょう。私は、日が暮れて夜空に美しい姿を浮かび上がらせた教会の重い扉を押して、百歳の好々爺《こうこうや》になったカールを思い浮かべながら会場に入りました。

講師のブライアン・ソーン博士は、もう前の方で静かに黙想しています。観光地の教会と趣の異なる苔むす古びた石造りの内部は中世のままです。天井は荒々しく見える木組みで、木造の天使が私たちを見守っています。この国が国教会を設立する以前のカトリック様式で建てられているのです。真冬なのに、こんな高い天井なのに、暖められたチャペルで、何ともいえない快さにつつまれていく自分を感じました。カールの百歳を、イギリスでお祝いできるなんて！

「カール・ロジャーズは一月八日生まれなので、その日にお祝いしたかったのですが……」司会者の簡単な開会の辞で講演が始まりました。

まず語られたのは、ブライアンさんの親友の死をめぐる思いでした。その人はメアリーといい、カウンセリング実践のなかでカウンセラー - クライエント関係のスピリチュアルな次元を大切にしていました。この姿勢をとり続けることは、アカデミズムの世界では、科学的証明が欠如していると激しい非難を浴びるので、とても勇気のいることでした。しかし、彼女は力強く実践を続け、クライエントに信頼される貴重な存在でした。特に心理的に深い傷を抱えたクライエントに対しては、彼女が人ピリチュアルな次元と表現する深い配慮によって、それまでの心理治療を超えた力がありました。

ブライアンさんは、混迷を深める二十一世紀に重要になってくるのは、このスピリチュアルな次元だと確信しています。ニューヨーク貿易センタービル爆破事件後、人類史に対する言いしれない不安が私たちの内奥でうごめき始めました。人類は超えることのできない憎しみの循環という崩壊の道をたどり始めたのではないかという不安です。ブライアンさんは、カウンセリング実践で実現される、つまりカウンセラーとクライエントの関係構築から生まれてくるスピリチュアルな超越こそ、私たちを底知れない暗さへと引きずり込みそうな現在を乗り越えさせると確信しています。それこそが、カール・ロジャーズが私たちに示したものであると信じています。

カウンセリング発祥の源流を大切にしているPCAカウンセリングの核心は、“Be self with others”（他者との関わりのなかで自分自身であること）と言えます。ひとりの人間としてありのままの自分をさらしつつ、専門家として関わるのです。これが、それまでの心理療法に見られなかった関わりです。そこで、ＰＣＡセラピスト／カウンセラーにとっては自己成長が専門家としての責任になってきます。クライエントとの関係に深く入り込むことが求められるし、自分自身を表現することが必要ですし（コングルエンス）、他者の世界を徹底的に理解する必要がありますし（共感）、他者の世界を受け止めねばなりません（無条件の受容）。

これをさまざまな意味で逸脱行為が認められるクライエントに対して貫くのです。メアリーさんは、これを貫き通しました。決して完全だったわけではありませんが、自分自身をクライエントと分かち合い続けることに深く惹かれていました。そういう自分自身を認めることによってクライエントの存在を認めました。援助関係に必要な条件は、カウンセラーが与える条件ではなく、必要条件を一緒に築くことです。

カール・ロジャーズは妻に先立たれてから、それ以前よりも深く人と関わるようになったとブライアンさんは考えています。死別体験は、スピリチュアルな次元や人間の不思議さを思索するきっかけになったのです。そして、人が癒やされたと感じる体験はその次元と関わっていると考えるようになりましたし、何かより大きなものと繋がっている感覚や死を超えた繋がりを実感する感覚に開かれていったのです。クライエントがスピリチュアルなものを探すことを認めるようにもなりました。ブライアンさんは、ロジャーズが生涯をかけて見つめ続けたものを引き継ぎ実践的に展開しています。そして、カウンセラー‐クライエント関係で見えてくるものは、「人生の目的は他者と一緒に成長すること」であり、「なんとかして無条件に他者を愛したい」ということであると実感しています。このクライエント－カウンセラー関係構築こそ、人間にとっての究極的レッスンだというのがブライアンさんの主張です。この実践が、二十一世紀の人類の歩みに重要なものを与えると確信しています。

ブライアンさんが究極的レッスンと呼ぶ関係構築こそ、クライエントにとってもカウンセラーにとってもスピリチュアルな成長を与えてくれるというのです。そして、このスピリチュアルな成長は宗教的である必要はないと明言します。人間が内面的に繋がっているということを指すのです。そもそも、人間は何者かという核心部分は本当に不思議で説明困難なのが、われわれの前にある事実です。スピリチュアルという言葉を使いながら、宗教的である必要はないと明言するブライアンさんに、イギリスが長い年月をかけて獲得してきた論理性がにじみ出ているのを見ます。日本の文化でスピリチュアルという言葉を使うと、中世的な神秘主義に逆戻りする不安を抱いてしまいます。特に、新宗教と騒がれ人気を呼んださまざまな活動が人びとの心理をドグマに縛り、やすやすと危険な淵に誘い込んだのを見たばかりです。ブライアンさんの人類の未来を清明に論理的に見つめ、カウンセリング心理学が貢献できるのは何かを導き出す安定した論理性は、スピリチュアルな次元をアカデミズムに貢献する人間科学として見つめる勇気を与えてくれる気がします。

人間と人間が築く深い関わりのなかで体験のなかに響いてくるセルフ、自分自身の感覚。自己をはっきり捉えたという体験あるいは認識、出会いの感覚、これこそが人格の中核そのものです。この体験にたどり着くまでの長い道のりがカウンセリング実践では必要です。ところが、現在そのプロセスを重視するゆとりがカウンセリング実践で見失われがちだと、ブライアンさんは指摘します。狂気としか言いようのない非合理性に囚われているクライエントのその非合理性を早く消すように求める動きが大きいのです。「この方法なら、その非合理性を取り除ける」という療法を保険会社も求めます。一部の人には短期的アプローチも効果的ですが、人間の苦悩を早く消すことなどできないのが現実だと、ブライアンさんの指摘が続きます。競争社会の原理がカウンセリングに持ち込まれて、長期援助を必要とする人びとが切り捨てられる危険への警告は、本当に考えねばならないテーマです。

人間は豊かな可能性を内包する存在です。ポジティブ・サイコロジー、可能性志向心理学の視点こそ、カウンセリング心理学の発見だと講演が展開します。豊かな深いカウンセリング関係で開花してくるものの大きさをカウンセラーは実感しています。そして、この開花は一対一のカウンセリングに限られるものではありません。現在、活用されているさまざまなグループ・アプローチは同じ有効性があります。ロジャーズをロマンティシズム、夢想家という人がいますが、ブライアンさんは彼を現実的な人だと指摘します。なぜなら、現実的に役立つ実践展開を創出したからです。人間の自己存在に意味を見出そうとする渇望は即座に得られない現実があり、ロマンティシズムで成し遂げられるものではないからです。

親密な関係が形成されると、自分からクライエントへとすごいエネルギーが伝わっていくのをロジャーズは体験しました。このとき、ロジャーズは感覚が自分に向かってなくて、何かより大きなものを体験している実感につつまれていました。これがスピリチュアルと表現できる実感だったのです。その体験には、真に自由で解放されている感覚がありました。このとき、ロジャーズは八十五歳になっていましたが、ウィルバーのような宗教と科学の邂合を考える科学者、構造は複雑になるほどエネルギーが高まるというプルゴジンの考えなどを参考にして、あくまでも科学者としての姿勢を貫く努力を続けました。

ブライアンさんは、人類は創造性という次元で進化していく時局にあるのではないかと主張します。カウンセリング関係での展開に自らをゆだねて、完全には理解できない自分を受け止めてみることを勧めます。このことがクライエントにとっては糧になっていますので、セルフ（自己）に任せてみることを勧めます。その後で、現実の自分に立ち戻ればいいと言うのです。このプロセスが自己超克にとって重要だとの主張です。

このとき、人は自分自身と共にいて、完全に平和です。深い自己受容に浸されています。人間全体への信頼感に満たされ、苦しい自己防衛から解放されています。内面的平和を獲得し、自己の体験への忠誠心のようなものを感じていて、しかも合理性と論理性を実感できます。人間から道徳性が抜け出すことがないことも確信できます。それらが、ブライアンさんがロジャーズから学び取ったことと言えます。彼はロジャーズが高齢になってからの弟子にあたりますが、ロジャーズはいつも明日の人類に思いを馳せていたとのことです。

南アフリカが黒人と白人の危険な対立に苦しんでいた時期に、この葛藤関係を克服するべくエンカウンター・グループを開くのがロジャーズ最晩年の仕事でした。ロジャーズが最後に出かけたのは、一九八六年三月でした。死の一年ほど前です。帰路、同行の人に語ったのは、「僕は暴力は除けると信じて死んでいける。平和な解決が必ず見つかる」という言葉でした。ブライアンさんは、「カール が、僕の講演を聞いて、ヒヤヒヤと冗談めかして声をかけてくる気がする」と締めくくりました。私たちもロジャーズの最後の言葉を信じて、たくましく目の前の難局にチャレンジしようとの力強いメッセージでした。

また、ブライアンさんはカウンセラーの課題を十二箇条提案しました。日本のカウンセラーにとっても参考になる挑戦課題と言えるのではないでしょうか。

(1) 生きる世界に開かれた模索。そこから新しい考えが生まれてくる。
(2) 開かれたありのままを表現する。秘密とは決別する。
(3) テクノロジーを盲信せず、問い質してみる。
(4) 部分でなく全体を生きる。
(5) 新しい形の親密さを探す。
(6) リスクを選ぶ。
(7) 他人を思いやる。専門家という人びとを疑ってみる。
(8) エコロジー・環境との調和を基本にして考える。
(9) 官僚主義には疑いを持つ。
(10) 自分の体験を信じる。

(11)　物質主義や金銭主義に従わないこと。
(12)　スピリチュアルな次元を信じる。

人類は戻ることのできない危険な道を歩み始めてしまったのではないかという、絶望的暗さに引き込まれそうな難局を生きる私たちが、計り知れない心の傷を抱えて苦しむクライエントと力を合わせて可能性開花に挑戦するということは、カウンセラーの側に生命に対する深い優しさがあって初めてできる仕事だと思います。このイギリスという国にはそれが残っているかも知れません。命への限りなく深い優しさが、死刑廃止に象徴される人びとの心根かも知れません。それを可能にしているのは、このかび臭いほどの古さを大切にし、先人の生きてきた足跡のなかから真理を探し出す努力ではないでしょうか。コンラッド・ローレンツが『文明化が犯した八つの大罪』のなかで、保守は革新と同じくらい大切であると述べています。私たちは、保守と革新のせめぎ合いに揺れながら、生命への深い優しさを見失わない闘いに勝利したいと祈っているのではないでしょうか。

3 カウンセラー養成のための大学院ディプロマ・コース

実務型専門家を育てる

イギリスの大学院は修士課程は一年です。この修士課程とは別に、ディプロマ・コースと呼ばれる実務型専門家養成コースが開かれています。カウンセリング研究に関して言えば、研究者を目指す修士課程と実務家を目指すディプロマ・コースは役割を微妙に異にしていると言うことができます。現在、日本で展開している臨床心理士養成コースは、イギリス流にいうとディプロマ・コースに当たると言えそうです。なお、イギリスでは臨床心理学という言い方をあまり聞きませんが、臨床という言葉の響きが、英語では病院内に限定されるため、カウンセリング活動の範囲をせばめないように、カウンセリングという呼称が使われているものと考えられます。

イギリスは大学も三年に短縮しています。これは国民にとっても政府にとっても教育のための経済的負担を軽くする利点があります。英国では、高度技術を持たない一般労働者家庭の子弟の半分は大学の授業料が免除されていますし、学生の三分の一は二十万円以下の低い授業料で学んでいます。さらに二〇一〇年までに、国民の半数に大学教育を受けさせたいというのが政府の考えなので、国家が高等教育に投じる予算は巨額です。当然のことながら、教育の効率化対策は真剣です。

ディプロマ・コースについて、イースト・アングリア大学を例に検討してみましょう。大学の構造は先に述べましたが、日本の学部に当たるスクールは二十あります。そして、この半数の十一スクールにディプロマ・コースがあります。つまり、実務型専門家養成はカウンセラー養成に限られるものではなく、専門家養成そのものが大学院の重要な使命になっています。ケンブリッジ大学のような研究主体の大学でも、コンティニューイング・エデュケーション学部（継続教育学部）という独立機構を作って、多様なディプロマ・コースを提供しています。ケンブリッジ大学でのカウンセラー養成はこの機構が担っているわけです。

イースト・アングリア大学大学院カウンセリング・ディプロマ・コースは教育学部に属しています(School of Education and Professional Development)。このコースは英国カウンセリングならびに心理療法学会（日本心理臨床学会に相当する。British Association for Counselling and Psychotherapy : BACP)の認定コースになっていて、卒業後スーパーヴァイザーの指導を受けて、四百五十時間のカウンセリング研修を終えると、カウンセラー資格を得ることができます。

コースへの応募資格にはカウンセリング体験が明記されています。すでにカウンセリングに関わったことがあるかが問われていて、カウンセラーとしての適性が応募の段階で問われている点は、実務家養成コースならではの特徴と言えます。大学院という枠組みでは、そこまで突っ込んだ審査は難しいのです。多様なディプロマ・コースが生まれてきた背後には、高度技術社会を支える専門職を機能させるための職業適性が問われている今日的状況がうかがえます。教育学部が従来の専門分野に専門性発達研究を加えた学部になっているのも、従来の学校教育中心の枠を越えることが求められている現在を示しています。いずれ日本も真剣な検討が要求されるでしょう。カウンセラー養成コースの定員は二十人、チューターと呼ばれる指導教員は五人です。

カウンセラーが活動している領域

ディプロマ・コースを修了すると、カウンセラー・キャンディデイト（研修カウンセラー）として、さまざまな領域で働くことになります。ＢＡＣＰはスーパーヴァイザー・カウンセラーの資格に関する規定も定めていて、カウンセラー資格があれば誰でも後輩の指導をしていいわけではありません。大学のカウンセラーは、このスーパーヴァイザー資格のある人たちです。現在、ディプロマを獲得すると、このスーパーヴァイザーのいる機関で働くことになります。ディプロマ・コースには、サイコセラピスト（心理療法士）資格を持っている人もカウンセラー資格を得るために入学してきています。英国のサイコセラピスト資格は、大学卒業資格さえ問わないで与えているために、信頼を得にくなっている模様です。大学院教育にもとづく資格所有者を社会が必要としている時代背景が定着してきたと考えるのが妥当でしょう。二十一世紀に専門家として活動するには、大学院卒業が基本となることは明白です。

［一般病院のカウンセラー］　イギリスの病院システムは一般病院と専門病院に分かれています。医療は基本的に無料で、国民は自分の一般医を指定されています。これは日本の小学校の学区を小さくしたくらいの領域に区切られ、心身に関するあらゆる健康相談がまず各自の担当医に持ち込まれるシステムになっています。心理的問題も持ち込まれるので、一般医がカウンセラーにクライエントを依頼するシステムになっています。カウンセラーを雇っている病院も増えています。

［大学、高校、中学のカウンセラー］　大学カウンセリング・サービスはこの国のカウンセリング発展の重要な役割を果たしてきました。現在も同じです。大学時代は一生で一番意欲的に自分を見つめ、自己成長と自己実現に取り組みます。普遍的な人間共通の現象です。高校・中学でのカウンセリング活動は、成長援助・成長保障という役割が大きいです。現在、イギリスのスクール・カウンセリングは未発達な段階にありますが、一般医との連携で実践を展開しています。

［教育心理士、臨床心理士としての就職］　教育界でさまざまのハンディを負った子どもたちの発達支援活動にカウンセリングを活用しています。臨床心理士は、病院の精神科やエイズ・カウンセリングなどで活動していて、医師との連携が基本です。

［牧師、教会管理者］　牧師資格を持つ人もディプロマ・コースに入学してきています。イギリスは

国教会システムをとっていて、これは現在、大問題になっています。「国が教会運営に関わっているのは、イランとイギリスだけだ！」と議員が批判するのをニュースで目撃しました。変革の大きな波が生じる予兆を感じますが、ともかく現在は、教区が小学校の学区のように作られています。たとえば、北海に浮かぶどんな小さな島にも国立の教会があって、牧師が住民の精神生活向上に関わっているのです。その仕事のなかでカウンセリングが必要とされるようです。

［ソーシャルワーカー、保護観察官、コミュニティ・ワーカーとしての就職］　社会保障の進んだイギリスでは、社会保障関連の職種が多く、カウンセラーがさまざまな職域に就職しています。

［上級ケアワーカー］　ケアワーカーは、病院や施設で介護を必要とする人の要求に沿って日常介護を行ないますが、上級ケアワーカーはカウンセリングを必要とする入所者を担当し、同時にケアワーカーの相談に応じます。

その他として、さまざまな企業の福祉担当、および職場の健康管理者としての就職やカウンセリングを主体とする人事担当専門者としての就職があります。スピーチ・セラピストとして就職する人もいます。

［カウンセリング担当医］　医師でカウンセリングを専門とする人も、カウンセラー資格を取るために、ディプロマ・コースに入学してきます。資格なしに一般医がカウンセリングすることはできないと思われます。

［看護師としての就職］　看護師資格所有者のなかにも、カウンセラー資格を取る人がかなりいま

す。コミュニティ精神科ナースやホスピスの職員としてカウンセリングを必要とする領域で活動します。

大学ごとの個性的コースを認める英国カウンセリング学会

ヨーロッパ全体が強風に見舞われ、厳しい冬のさなかにありますが、イングランド中央部は思いのほか暖かく、クロッカスが可愛い花を咲かせ、黄色い花を咲かせた木々が目立ってきました。秋から春まで英国を見つめてきて、今はっきり指摘できるのは、イギリスは個人の自由な思想追求が尊重される国であることです。この自由意志尊重の歴史が、人間を自己実現に向かう存在と考えるカウンセリングを、臨床心理学研究の中心とする流れを生んだのかも知れません。

イギリスに来てからの日々は、私たち日本人の考え方の中核に何があるのかを考えさせられる毎日でしたが、日本が官僚組織的発想に縛られているのを認めないわけにいきませんでした。私たちの考えがまずあるのではなくて、枠組みのようなものが先にあるのです。

小さな島国で驚異的な数の人びとが生き抜きながら生み出した知恵に違いないのですから、この伝統を二十一世紀に生きる視点でしっかり点検することなく捨ててよいものではないでしょう。ただ、市民社会が成熟してきたら、市民が一個人として精神の自由を楽しむことは動かしがたい歴史の流れです。人間関係が決定的に変化します。多様な人びとが、人間として完全に同じ高さでコミュニケーションを築くようになります。大変かも知れませんが、案外、面白いかも知れません。

英国カウンセリング学会が、日本の学術組織では考えられない自由さを持っていることには驚かされます。一九八四年に設立されたこの学会は、会員数は一万四千人で、組織加入団体は八百団体に及び、米国以外では世界で一番大きなカウンセリング実践研究団体なのですが、権威的あるいは官僚的空気は皆無で、各大学は個性的にコースを創出することができます。

ところが、ディプロマ・コースの大学院生は、朝から晩まで授業や実習に縛られています。日本の学生を見たヨーロッパの学者は、学生が勉強しないのに驚くと言われていますが、ヨーロッパの視点で見ると、日本の学生はパートタイム学生にあたります。アルバイトとして仕事をしているからです。大学院生のアルバイトは英国では信じられないことです。イースト・アングリア大学のディプロマ・コースは、週五日、朝九時から夜の八時くらいまで課題が詰まっています。そのうち二日は実習です。カウンセリング・サービスでスーパーヴァイザーによる指導を受けます。九月に始まって、十一月にはもう実習がスタートします。これらの実習生がカウンセリング・サービスの実践力となり、大学にとっても実に効率的な運営となっています。大学院生のなかには孫のいる人もいて、年齢層が広く、クライエントも違和感が少なく、実習カウンセラーを受け入れています。

ディプロマ・コースは五本の柱から構成されています。人間成長援助に主眼があって、心理テストやアセスメントは含まれていません。第一の柱は、理論とカウンセリング・プロセスの理解と修得です。カウンセリングの創設者カール・ロジャーズの理論学習が中核になっていますが、イギリスはインテグラティブつまり理論統合を特徴としています。フロイトから、ウィニコットなどあらゆる理論が学習されます。

第二は、カウンセラーとして実際に貢献できる態度と技術の習得です。第三は徹底したスーパーヴィジョン指導。第四は、学生が、人間的成長をセルフという概念で、自己の内面から追求することです。カウンセリングは個人の内面に深く関わる仕事なので、特にこれは重視されています。第五は、長期カウンセリングを行なう能力修得です。現在、カウンセリング・サービスを市民に広く提供するため、カウンセリングの短期化が重視されています。しかし、長期に取り組む必要のあるクライエントへの援助はきわめて重要なので、その長いプロセスを援助するカウンセラーの資質獲得が求められています。

パーソン・センタード・アプローチで有名なイースト・アングリア大学

パーソン・センタード・アプローチは、ロジャーズ理論を発展させてきた理論的立場の総称です。理論辞典のパラダイム分類では、ヒューマニスティック・パラダイムに分類されています。ところで、日本の臨床心理学者に人気のあるユング心理学ですが、こちらではヒューマニスティック・パラダイムに分類されています。人間のイメージの世界を人間の心理的問題克服に役立てるのが、ユングの立場だからと言うわけです。日本では精神分析パラダイムに分類されていると思われますので、この違いがどこから来るのか興味深いです。ただ、日本のカウンセリング界は、意外にイギリスに近いところを歩んでいるのかも知れないと思います。

パーソン・センタード・アプローチの特徴を簡単に説明するのは難しいですが、人間関係の力バランスを、権威的枠組みを越えたヒューマニスティックなバランスで捉え、その実践によってクライエントの人間的可能性を解放していく立場と言えます。現在人気があるのは、目立たない静かな人気ですが、民族問題など人類が抱える難しい問題に取り組むための柔軟な理論提供を可能にしているためかも知れません。ロジャーズは最晩年にエンカウンター・グループ実践で世界的に有名になりましたが、このグループ・アプローチをディプロマ・コースの中心に据えているのが、イースト・アングリア大学です。全スタッフが集まるグループワークが随所に取り入れられています。

年間提出レポートは六課題。さらに修了自己認定レポートが課されます。八千語の論文で一年間の成果を自己主張するものです。これもパーソン・センタード・アプローチらしい評価方法といえます。ディプロマ終了資格の評価は、他大学からの評価者を加えた委員会で決定されます。卒業審査に他大学の研究者を含むという新しい潮流がスタートしています。

4 バレンタイン・デー全国所長会議、未来を熱く語る

いつのまにか四か月がたって、全国学生カウンセリング・サービス所長会議が再び開かれ、顔なじみになった人びとと再会できました。当番校はケンブリッジ大学で、ケム川を見渡せる大学センターが会場です。会議室からは、かすかに芽吹いた柳がやさしい早春の風にゆれ、晴れ上がった青空のもと、川岸の古い民家がなごやかなたたずまいを見せ、ヨーロッパ随一の環境と言われる学都の雰囲気を居ながらに感じることができます。

バレンタイン・デーの所長会議は、晴れやかな雰囲気に包まれて始まりました。まず、会議お決まりのテーマがどんどん報告されていきます。この四か月間も全国で自殺者はいませんでした。つまり、合計八か月間に、自殺者はゼロということになります。私は、「よかったなー」と嬉しく聞きま

したが、みんなは当たり前という感じです。アフガン戦争が終結したためか、イギリスの大学は落ち着きのなかで教育が進行している模様です。今回は、「学生カウンセリング・サービスの役割」というテーマが設定されていて、さまざまな報告が一通り終わると、このテーマをめぐって参加者が意見を交換しました。短いティータイムを挟んで、再びこのテーマについて全員で話し合いが持たれました。今回は、参加者が三十人ほどで比較的少なかったのと、みんなの関心が高かったため、グループに分けないで話し合うことになりました。二十一世紀の日本のカウンセリングを考えるためにも、所長たちの真剣な本音に触れることができたのは本当にありがたかったです。

問題をカウンセラーまかせにする研究者、クライエントと深く関わらない臨床心理士

書き進める前に一言つけ加えたいのは、所長たちの討論には、研究者や臨床心理士を糾弾する空気は皆無で、現実を真剣に見つめ、自分たち専門家の役割を問い、実践を深めようとしていて、クライエントへの熱い愛に満ちていたことです。批判することは、イギリスでは相手を責めることではなく、現実を冷静に見つめることです。自分たちにできることを真剣に追求することです。これなら批判することは暗いことでも後ろ向きのことでもなく、前進することなので、晴れ晴れとおおいにやった方がいいことになります。

さて、イギリスの大学はどこも多くの学部から編成されていて、学内にかなりの数の心理学者を擁

しています。臨床心理学やカウンセリング心理学の研究者は、カウンセリング・サービスと何らかの関わりを持っています。ところが、それらの研究者は学生を送り込んで来るだけで、実際のカウンセリングには携わらないし、何の力にもならないというのです。象牙の塔という言葉がありますが、カウンセリングや臨床心理学のような実践現場との関わり抜きには研究すらできない領域でも、似たことが生じているのは驚きです。ただ、大学を機能させていくというのは大変な仕事で、多くの委員会活動に参加せねばならないし、魅力的な研究室を作り上げて学問の質を高めねばなりません。カウンセリング実践の専門家と研究中心に学問の歴史を深めていく研究者とは、役割を分ける必要があるのかも知れません。

臨床心理士のことですが、イギリスの場合はカウンセラー資格と臨床心理士資格は別資格になっています。臨床心理士は、主として精神科で医師と協力して仕事をするための資格で、心理テストをしたりアセスメントするのが大きな仕事になっています。医師との連携でカウンセリングも行なうことになっています。

ところが、所長会議で浮かび上がったのは、臨床心理士の逃げ腰の態度です。大学のカウンセラーとしては、学生の精神的不安定さから精神科を紹介しており、臨床心理士にクライエントと関わってもらいたい。それなのに、臨床心理士の判定では「重症で臨床心理士には扱えません」とされてしまいます。

一方、精神科医は「軽症すぎるので、カウンセリングで対応してほしい」と言います。狭間に投げ込まれる学生が多く、結局は、カウンセリング・サービスで支援するしかないのです。カウンセリングへの要求が増大するばかりの現状の大変さは語り尽くせないようです。

聞いていて思ったのは、日本の臨床心理士は、カウンセラー資格、臨床心理士資格、教育心理士資格などをすべて含んでいて、日本らしい独特の資格だということです。

メンタルヘルスは活動内容が貧弱

イギリスでは「メンタルヘルス」は精神科領域の問題を抱える患者支援を意味します。日本のように漠然とした広い範囲の人びとを対象とはしません。病気という診断のないクライエントに、精神科医が関わることはありません。主要百大学は医学部を持っていますので、付属病院にはメンタルヘルス部門があります。また、全国の大学の八パーセントが、カウンセリング・サービスとは別組織のメンタルヘルス・サービスを設立しています。このメンタルヘルスに学生を紹介した体験を所長たちは持っているのです。「活動内容が貧弱すぎる」という悲鳴にも似た本音が、私にはとても興味深かったです。

カウンセリング・サービスはメンタルヘルスに比べると歴史が長いし、精神科医がカウンセラーの職域を取ってしまうことは絶対にないとの確信をみんな持っています。そして、精神科医の指導のもとにおざなりなセラピーが行なわれているメンタルヘルスには頼れないという現実が交換されていきました。メンタルヘルス・サービスは、過食指導の栄養専門家を招いたり、躁うつ病指導マニュアルに従った助言を行なったりしますが、カウンセリングのように毎週一時間の面接をするようなことがありません。

結局、学生が不満を大きくして戻ってきます。これでは、カウンセリング部門の拡大しか方策がありません。精神科医もカウンセリングが有効と考えている人が多く、学生のカウンセリングを依頼してきます。学生を子どものときから見てきた一般医は、メンタルヘルスは脆弱すぎると見ているとのことです。

他方、イギリス政府は郵政事業の民営化を決定したほど、政府のスリム化に取り組んでいます。精神科医は専門性が確立していますが、カウンセラーは国家資格になっていません。原則論から言えばメンタルヘルスに予算が下りてきます。この現状で、カウンセラーも、今までのように政治と無縁に仕事をしているわけにはゆかない問題が出てきています。

現在、カウンセリングのディプロマ・コースを修了して英国カウンセリング協会に所属しているカウンセラーは一万四千人です。ところが、資格認定の基準が高いため、実際に資格を獲得しているのは一千百人。所長たちからすれば、この現状では、政府が判断に苦しむのは当然という気持ちもあります。日本の場合は、大学院を修了すれば資格試験を受けることができるので、イギリスのような問題はありません。しかし、英国の、カウンセラー資格を簡単に出すわけにはゆかないという方針も理論的には理解できます。人間心理のもっとも傷つきやすい部分に、安易に踏み込まれては不安です。今後、イギリス人が高いハードルを越えていくのか、もっと簡単に取れる資格に向かうのかは、長く見つめ続けてみたいものです。ただ、類似した学会のなかで、カウンセリング学会の会員数が一番多いということは、イギリス人はカウンセラー資格を高く認知している現れと言えます。ディプロマ・コースを修了すればカウンセラーとして働ける現状が、資格の必要性を感じさせなくしているのかも知れません。

英国労働省の推計では、年間にカウンセリングを受けた人は二百五十万人にのぼるといいます。カウンセラー数は二十七万人で、ほとんどはボランティア・カウンセラーによるカウンセリングを受けたという推計になるとのことです。精神科医を含めたカウンセリングの専門家は三万人です（労働省の推計にはディプロマ修了者は専門家として計算されていると思われます）。つまり、圧倒的にカウンセラーが不足している現状を先進国は共有しています。日本は二倍以上の人口を持つので、五百万人のカウンセリングを求める人がいることになります。

大学のカウンセリング・サービスを預かる所長たちは、あらゆる職種の協力を得て、「専門家と一対一で、じっくり話を聞いてもらいたい」との要請に応えたいと真剣です。

カウンセラーも診断能力を培う必要がある

イギリスのディプロマ・コースは一年と期間が短いことも関係するのか、専門家養成はかなり厳密に教育内容を絞り込み、診断は臨床心理士資格の方に組み込んでいます。臨床心理士がクライエントと深く関わらないのは、この教育システムからきているとも言えます。カウンセリング・ディプロマ・コースは臨床心理学の知識取得は含まれ、精神科領域のクライエント援助は重要課題ですが、診断することを主眼にはしていません。そこで、所長会議として、精神科領域の学生をカウンセリングで支援する必要がある現実を認知し、診断と確実な支援を会議の重要議題として取り組んでいこうという確認が行なわれました。

特に、うつ的状況にある学生への援助が精神科医は苦手で、薬を処方して助言するだけなので、学生の状態がどんどん悪化することが多いと所長たちは見ています。クライエントの状況は実に多面的で輻輳《ふくそう》しています。成績のことを心配してうつ的になっているクライエントが、実は幼いとき親の養育放棄に苦しんだ心の傷を抱えていたりして、問題を一面的に捉えることなどとてもできません。診断という作業は、カウンセラーの視点から言えばグレーで、白黒はつけられないことが多いのです。精神科診断では白黒をつけなければならない制約があり、この点で無理があり、今苦しんでいるクライエント援助の視点から見ると脆弱と言わざるを得ません。

そこで現実的には、橋渡し領域を作って、専門家提携を実現していく必要があるとの結論へと討論が進んでいきました。外交能力抜群のイギリス人たちのことなので、リエゾン方式の橋渡しをしてカウンセリング実践の充実を図るに違いありません。このリエゾン方式というもののイメージが、私にはリアルに湧いてきませんでした。英国の実践展開を参考にしつつ考えていきたいと思います。

クライエントは大学コミュニティーの住人、診断は差別につながるので慎重に

やがて、大学のさまざまな学生援助で鍵を握る重要な役割を担うのはカウンセリング・サービスかも知れないという認識が共有されていきました。難しい問題を抱える学生が増えているのは事実ですが、彼らを大学というコミュニティーの住人として支援しようと、バレンタイン・デーらしい熱い話し合いへと進んでいきました。

カウンセリング・サービスが提供する一対一の関係性に期待している学生が多い現実は受け入れるしかない事実です。精神科領域の問題が多いですが、彼らも大学コミュニティーの住人です。精神科を紹介された学生が扱いに驚き、怒って帰ってくることも多いといいます。苦情が大学上層部まで寄せられていることもあって、大学理事会はカウンセリング・サービスに期待を寄せています。カウンセリング・サービスは、病気かどうかの診断からは自由になって仕事をするのが本筋です。その意味では、精神科から分離して仕事をすることが大切になります。他方で、カウンセリングにしかできないという孤立主義に陥らない自己点検も忘れてはなりません。話し合いは微妙に揺れながらも、前進的軌跡を描いていきます。

イギリスの大学はチューター制度という、専門知識を身につけるプロセスでぶつかる壁を乗り越えるための相談役になる教師を配置しています。したがって、学生が心理的に行き詰まっているのに気づく第一発見者はチューターであることが多いのです。これに対して、大学側は福利部門が対応する

システムを整えているのですが、チューターがカウンセリング・サービスに直接緊急援助を求めてきます。このため、いよいよカウンセラーの仕事が複雑になってきます。学生の変化に驚いたチューターを援助することまで含まれてくるからです。「この多面性、境界を越えた複雑さに取り組もうではありませんか」。こう語る頼もしいカウンセラーの素顔を見て、未来が明るく開かれていく希望が見えてきます。チューター援助に電子メールを活用するという現実的な戦略まで話し合われ、心強い展開が進んでいきました。

印象深く感じたもうひとつは、診断力をつける努力は拡げていくが、それは援助のためであって、カウンセラーは絶対にクライエントを診断してはならないという確認です。診断はスティグマ、差別や偏見につながり危険だとの意見が皆の共通認識でした。学生の未来を暗くする危険性があるというのです。世界的に人材獲得競争が激化していますが、大学側から見ると、マイナス要素を持つ人材を切り捨てたい狙いが見えます。クライエントを守らねばならないというのは納得できます。日本でも、学生たちは精神科を避け、カウンセリング・ルームを訪ねてきますが、あるいは本能的に自分を守ろうとしているのかも知れません。おおいに考えさせられる討論展開でした。

研究者たちはカウンセリング・サービスに学生を送り込んできますが、カウンセリングの専門性を深く認識しているわけではないとの指摘がありました。これについては、コミュニティー・カレッジのカウンセラーも含まれる、より大きなカウンセリング研究会で討論を展開し、社会に向かって発言していく必要があるという結論でした。

三時間で実に多くのことが語られ、確認され、所長たちは別れていきました。イギリス人の議事能力には舌を巻き、機動力に改めて驚かされました。出会って語るということを、本当に大切にしたいと思います。テレビ会議など、二十一世紀の新しい試みが模索されていますが、直接的出会いの貴重さを教えられた気がします。

5 カウンセリング心理学者、臨床心理学から分離して十年を語る

英国心理学会の部門学会、カウンセリング心理学会で活躍するロバート・ボア教授を訪ねて、ロンドン大学ロンドンギルフォード大学にやってきました。カレッジから大学に昇格して五十年の若い大学で、大学ランキングでは底辺を支える庶民の大学でもあります。ロンドンの中心部、庶民が生活するまっただ中で、カウンセリング心理学が発展しているのを見て感慨深いものがあります。カウンセリング心理学創設者のロジャーズは（『エンサイクロペディア・ブリタニカ』による定義、日本の定義はもう少し前の歴史から始まっている）、新しい学問を設立しようなどとは考えていませんでした。コロンビア大学教育学部で博士号を取得して、ニューヨーク州の北方カナダとの国境に近いロチェスター児童相談所に赴任した彼は、大恐慌で生活が破壊し、母親に育児放棄された子どもの里親探しに東奔

西走するところから、実践的心理学確立の第一歩を踏み出しました。ロンドンギルフォード大学は、その歴史を思い出させる空気があります。

今、食堂でメモを取っています。約束より早く着いたので、ロビーで待とうと思ったのですが、禁煙のサインがあるのに、たばこの煙がすごくて待っていられなかったのです。同じロンドン大学でも、私のいるキャンパスは全館禁煙です。大学内にたばこの煙は一切ありません。ただし、寒いのに外でぶらぶらしている学生の手にはたばこがあります。これまで訪れたイギリスの大学では見なかった光景にいささか驚かされています。

もうひとつの特徴は、アフリカ系イギリス人学生の姿が多いことです。黒々とした艶やかな肌は美しく、いきいきと語り合う姿は新世紀を象徴しています。ここでカウンセリング心理学が庶民生活に寄り添い、貢献するなら、まさに歴史的にも意味ある展開です。問題を抱える子どもたちは、同じ肌のカウンセラーを安心して受け入れるでしょうし、研究者の多様化は急務です。

カウンセリング心理学独立まで

イギリスにおけるカウンセリング心理学の発展は、公式には一九七一年のカウンセリング推進設立委員会がスタートとみなされています。準備期間を経て五年後に英国カウンセリング学会が設立されました（BAC、一九七六年）。大学院のディプロマ・コースとして大学に深く根を下ろした英国カウンセリング学会への参加を希望するサイコセラピストの要請を入れて、二〇〇〇年には英国カウンセリングならびに心理療法学会と名称変更しています（BACP）。カウンセラーはほとんどが加入していて、ボアさんもカウンセラー資格を持っています。

ところが英国心理学会は、会員の要請でカウンセリング心理学特別グループが一九九四年に形成されるまで、カウンセリング心理学を認知しませんでした。ボアさんは、心理学会の部門学会である臨床心理学会が排他的方針を貫いたために、この状況が生じたと見ています。英国カウンセリング心理学会は、一九八七年、ヒューマニスティック・モデルをパラダイムとして設立されました。「個人に与えられた可能性を信頼し、個人の経験する現実がセラピストから尊重されねばならない」というのがカウンセリング心理学展開の目的とされたのです。英国心理学会は、部門学会としてカウンセリング心理学会を設立し、同時にカウンセリング・サイコロジストのディプロマ認定規定を確立しています（一九九五年）。ただ、実際的にはボブさんの言う十年の歴史が実質的歴史なのです。

英国心理学会は、サイコロジストの地位保全のため、学部三年、ディプロマ・コース三年の認定基準を設定しています。現在、カウンセリング心理学コースは七大学に開設されていますが、すべてロンドン地区です。臨床心理学コースは全国三十大学です。ところが、臨床心理学は人気が落ちて学生が集まらず、カウンセリング心理学に希望者が殺到しているので、これからの発展が期待できるとボアさんは熱く語ります。

ギルフォード大学のディプロマ・コースは定員四十人なので、合計百二十人の院生がいます。これを五人の教師で対応しているとのことです。大変すぎると語るボアさんに、疲労を感じました。大学経営に苦しむ理事会は、希望者が殺到しているのに目をつけ、定員を増やしてほしいと要求してきているると言います。カウンセラー資格には実践力が重要なので実習先が必要ですが、それを見つけるのが難しく、理事会の要請には応えられないのが実状なのだそうです。

ボアさんの話を聞いて、複雑な現状に驚かされます。現在、世界的流れとして大学院にディプロマ・コースが作られています。大人気のＭＢＡ（経営学修士）を始めとして、さまざまなディプロマ・コースが設立されています。大学院教育の短期化が進行しているのです。優秀な学生に短期の高度な学びを提供するという動きです。一年のカウンセリング・ディプロマ・コースが全国の有名大学に作られているので、はたして英国心理学会の判断が実りをもたらすのか疑問が湧いてきます。ともかく、ボアさんのような元気な学者の活躍で未来を切り開いてほしいものです。

カウンセリング・サイコロジストの仕事

現在、カウンセリング・サイコロジストは、主として国立ヘルスサービス機関（ＮＨＳ病院）で働いています。政府も医療機関で働くカウンセラーを必要としているため、ロンドンにまず医療機関で働くカウンセラー養成コースができたようです。

現在は、医療現場の民主化が進み、医者、看護師、カウンセラーは民主的関係で仕事をしています。しかしこの潮流は、西ヨーロッパにおけるマルクス経済学の克服、パラダイムの変革、構造主義者による近代批判など厳しい意識改革を経て、ポストモダンと言われる時代になって達成されました。一九八五年以降と言えるでしょう。

臨床心理学が応用心理学から分離独立したのは二十世紀半ばで、パラダイム変革のずっと前でした。医者の意識改革運動が生じる前なので、医師を頂点とするピラミッド構造に組み込まれ、患者個人の心理的苦悩を援助する視点はなかったのかも知れません。

現在、英国は医療現場に人材が集まらず苦悩しています。医療現場が医者だけでなく多様な職種の共同で成り立っているのが痛感されているのです。ケースワーカーをオーストラリアまで行ってリクルートしたり、看護師をフィリピンまで探しに行くという現状があり、意識改革なしには医者は仕事していくことができません。昔のように医師に仕えてくれる人材などいないのです。現在がポストモダンと言われるのは、意識的構造改革が進んだ時代に生きていることを指しています。ともかく臨床心理学だけでは対応できない現状があるのです。

たとえば、重症の小児癌と闘いながら短い人生を歩む子どものためのホスピスなど、カウンセラーの関わりを必要とする領域が数え切れません。カウンセリング・サイコロジストで対応しきれるものではなく、資格を持たないボランティア・カウンセラーの参加を含め、臨機応変に対応している現状です。

ところで、西ヨーロッパから見た日本は、封建的体質を残した国に分類されています。言われてみればその通りで、構造主義もポストモダンも哲学者の頭脳を通して理解している感じで、生活実感としてあるかと問われれば、あいまいな笑みで逃げるしかありません。日が昇る神秘の国には独自の歩みがあり、そのままに尊重してもらうしかありません。またそれが、ポストモダンの寛容さでしょう。ただ、イギリスにいると、日本心理臨床学会に集う一万人の総意を尽くしてカウンセリングを必要とする人びとへの支援を展開する必要を思います。

ボアさんは、カウンセリング・サイコロジストの活動領域として、カウンセラーを必要としている一般医（GP）に協力して、不安症、うつ的状態、アルコール依存症、麻薬依存などの初期段階で、問題悪化阻止のためにカウンセリングやサイコセラピーを提供することを第一の大切な役割と見ています。

次は、監獄でのカウンセリング提供です。一九六五年に死刑廃止の実験段階に入りそのまま永久廃止とした英国は、犯罪者を、やがては社会に戻って生きる人と考え、監獄からの人格的再発達、そのための再教育を重要テーマとしています。ただ、刑務所はどこもいっぱいで、暴動が起こりそうな現状があって日本より深刻です。理想と現実の開きは大きいものがあります。それはともあれ、イギリス暮らしも五か月になり、可能性開花に取り組む人びとと関わってきたら、死刑のある日本がちょっと野蛮に見えて妙な気持ちになります。なるべく考えないようにしてきましたが、ボアさんの熱意を前にすると、大きなテーマがあることを考えさせられます。

第三は、相談する習慣のない底辺の労働者家庭に対する啓蒙活動を行なってカウンセリング・サービスを知ってもらうことです。中流、上流家庭にはカウンセリングは浸透していますが、この国の底辺を支える家庭では、「お父さんは強い。お母さんは強い。大丈夫、他人に相談する必要はない」と

カウンセラー・サイコセラピストが基本とする理論

理論統合アプローチ（Integrative）	38％
認知行動療法アプローチ（Cognitive Behavioral）	21
精神力動アプローチ（Psychodynamic）	18
パーソン・センタード・アプローチ（Person-Centered）	14
ヒューマニスティック・アプローチ（Humanistic）	12
折衷的アプローチ（Eclectic）	11
システム・アプローチ（Systemic）	8
実存的アプローチ（Existential）	6
人格形成心理学アプローチ（Personal Construct Psychology）	3

〔英国カウンセリングならびに心理療法学会，1999年度調査〕

いう意識が強いのだそうです。このため問題の早期発見が難しく、これらの家庭で問題の多発と悪循環が生じているとのことです。

経済的余裕のある人びとは、国民健康サービスとは別の保険に加入しカウンセリングを利用しているとのことです。あくまで国民健康サービスの枠内で心理的援助に向かおうとしているカウンセリング心理学者の決意には、頭の下がる思いです。

理論的支柱はインテグラティブ・アプローチ

さて、英国におけるカウンセリングは、ロジャーズ理論を中心に実践研究がスタートしたわけですが、もちろんこれは日本も含め世界共通ですが、現在はどうなのでしょう。カウンセリング心理学会は一九九九年に学会員全員（一千二百八人で、BACPにくらべると驚くほど小さい）にアンケート調査をしています。回答率は三四パーセントです。

その結果は表に示されるように、インテグラティブ・アプローチが一番多いのです。これは多様な流派が熾烈な競争を展開しているアメリカ合衆国と非常に異なって興味深いです。インテグラティブとは統合ということで、すべてのサイコセラピーの基本と言われるロジャーズ理論を土台に、現存するあらゆる理論を統合させて、その人独自のカウンセリング理論、サイコセラピー理論を個性的に展開する流派です。寛大でジェントルマンシップを大切にするイギリスらしい展開に感じられます。また、回答は複数回答が多かったとのことです。

ＳＯＡＳのアリソンさんが笑いながら話していましたが、インテグラティブ学派の研究会に出席したら、まるで精神力動学派そのものに見える人や、心理劇一色に見える人がいて、何が統合なのか分からなかったそうです。あるいはそれが現実かも知れませんが、異なる流派が共に研究するスタートが切られていることは嬉しく思われます。

ところで自分の専門職をどう位置づけているかですが、上位五種を列挙すると、カウンセリング・サイコロジスト（六五％）、サイコセラピスト（三四％）、カウンセラー（三二％）、臨床心理士（一一％）、作業療法士（六％）と多様で、これも複数回答です。自分の専門性を流動的に捉えているのが分かります。

英国政府はカウンセラー資格認定を専門学会に依託する方針

英国心理学会で活躍するボアさんから、英国の資格認定方針を聞くことができました。アメリカは各州が認定し、運転免許のように全国どこでも有効なので、公的資格の性格が強いです。イギリスは専門学会に依託する方針とのことです。一番大きなカウンセリング学会（BACP）、カウンセリング心理学会、そのほか複数団体が依託機関になるようです。資格が必要ということになれば、ディプロマ・コース修了者も四百五十時間のスーパーヴァイズ指導に挑戦するでしょうし、カウンセリングの専門性向上が図られていくでしょう。カウンセリング心理学会認定のカウンセリング・サイコロジスト資格を取り、医療現場改善に取り組む人も増えるでしょう。日本も官僚組織の民営化が必要になっているので、あるいは英国型に行かざるを得ないかも知れません。

その先には、さらにEU型のゆるやかな連合が生じるのではないでしょうか。イースト・アングリア大学で感じたのですが、自分を支えることができなくなるという心理現象に迫り、研究し、実践的支援に取り組む若者は、医学部、教育学部、社会学部など多様な学部に散らばって所属しています。イースト・アングリア式の二十学部を三つの学群に分け、共通の関心を持つ人びとが出会い、交流する機会を提供する方向は、複雑化する一方の世界状況では、必要不可欠になるかも知れません。ともかく、流動的で融通の利く専門性を自己開発しておくことは、カウンセリング発展のために必要と思われます。

文　献

Sarah, Lewis & Robert Bor (1998), How counselling psychologists are perceived by NHS clinical psychologist. *Counselling Psychology Quarterly*, Vol. 11, No. 4, pp. 427-437.

Robert Bor & Helen Achilleoudes (1999), Survey of BPS Division of Counselling Psychology Members ; 1999. BPS Division of Counselling Psychology.

Robert Bor & Stephen Palmer (2002), *A Beginners Guide to Training in Counselling & Psychotherapy.* SAGE Publications.

6　仏教の精神に学ぼうとするカウンセラーたち

「わー、きれい。日本の桜とは違うけど、イギリスの桜、大好きだわ」

「どんな風に違うの？」

「……」

口を開くたびに英語力に行きづまりつつ、帰国が近づいてきました。日本より一足早く春が訪れ、桜が開花し、人びとの着るジャンパーが黒から緑やオレンジに変わり始めました。

カウンセリング実践に禅ブディズムを活用し、著書もあるデビッド・ブレジー氏の講演とワークショップに参加しました。水仙の咲き始めたイースト・アングリア大学を再び訪れ、宿舎に泊まり、親しくなった人びとに再会しました。今回は、ハワイ大学からアムステルダム自由大学に来ている心理学者も参加していて、グローバルな現代を実感させられました。

日本文化の力強さ

半年の英国滞在で強く感じたことのひとつは、日本文化の秘める魅力と強い影響力です。私たちは、日本人心理の内奥に隠れている劣等感と言えるようなものを捨てた方がいいと心から考えるようになりました。私たちは素晴らしい文化遺産を受け継いでいます。イギリスでは、日本文化が清明に、論理的に、実証的に整理されて伝えられています。英語の説明の方が分かりやすいことさえあります。

海底都市のドキュメンタリー番組を見ていたときのことです。氷河が溶けて水没してしまった氷河期文明に関する研究紹介で、驚いたことに、太古の日本文化が紹介されました。沖縄の海底に眠る史跡の解説のため、日本各地に残る古代文化の名残りが神道文化を通して紹介されたのです。注連縄《しめなわ》が巻かれた岩、神体とされる山に向かって立つ鳥居が、古代研究の貴重な文化財として紹介されていきます。見ていて、よくぞ古代の遺跡を残してくれたものだと思います。マイクに向かって話す宮司さんたちに、敬意を感じずにはいられませんでした。

さらに縄文文化が紹介され、素朴な土偶や数々の土器の破片が紹介されます。中学生の頃、眠くて大嫌いだった日本史の重要性をイギリスで知らされるとは、まさに二十一世紀です。それらは一万四千年前に焼かれたと推定されるそうです。

「これらを作った人びとは、人類史で最初に土器製造をなしとげた人びとです」

地球が氷河で覆われていた頃、暖かい沖縄や日本列島では、土器が製造され、縄文の村々が栄えていました。私たちは、それらの人びとの血を受け継いだ生き証人になります。まだまだこれから火山の噴火で埋まった遺跡が発見され、人類の生き抜いた足取りの貴重さを実証できるかも知れません。

かつて西洋の神学者が「最も迷信の残る文明史的に見て洗練されてない宗教」と定義した日本仏教も、研究が進み、研究書が翻訳され、見直されているようです。グローバルな時代を生き抜く新しいパラダイム・思想的規範が模索され、仏教にも熱い視線が注がれています。

アミダ（阿弥陀）トラストを開設したデビッド

講演を聴いているうちに、今とは違って細くて青年らしさの残るデビッドの姿がよみがえってきました。彼はロジャーズ派の人びとが中心になって開く国際会議によく出席していました。昔の彼は、道を尋ねる求道者の雰囲気を漂わせていました。理屈っぽい人なので、早口に語る内容についていけず親しく感じたことはありませんでした。彼が自分をブディスト（仏教徒）と感じていることも知りませんでした。仏教に出会ってから三十五年になるといいます。はじめは座禅を組んで黙想するお父さんにつられて真似ていたとのことです。英国で参禅し、指導を受けるようになりました。

精神科病院のソーシャル・ワーカーとして働き始めたことが、カウンセリングを学ぶきっかけでした。精神を病むということを、真剣に共感的に理解するチャレンジが始まったのです。現場を離れ、理論家として大学で働くようになっても、原点の実践現場から遠ざかることはありませんでした。ボランティア活動にも意欲的に参加していました。

サラエボで起きた民族浄化という大虐殺にまきこまれた人びとをカウンセラーとして支援する活動に参加したことが、アミダトラスト開設のきっかけになったようです。カウンセリングを受けた人びとが、彼がサラエボに行くたびに再会の集まりを開いてくれます。喫茶店の片隅で語り合う人びとが、それはそれは精神的に解放されて楽しそうだったといいます。彼らの日常は苦渋に満ちているのですが、そういう一時がかけがえもなく貴重で、カウンセリングを補って余りある意味を持っていることをデビッドは確認したのです。

現在は、ロンドン、レスター、パリに活動拠点を開設しています。心の難民と言える人びとが、ひょっこり訪れて、数日でも数か月でも、好きなだけ生活できます。話したくなければ話す必要はありません。黙想の時を静かに過ごすことができます。規模は小さくて、八人ほどの共同生活です。人間と人間のぶつかり合いも、ふれ合いも、居ながらに共に見つめ合える空間を提供しています。この精神的基盤を仏教からつかみ取ったとデビッドは語ります。西洋は生まれ変わる必要があると静かに語りかけます。

ある朝起きたら、ロンドン・トラストの玄関先に寝ていた人がいます。冬だったので、ものすごく驚きました。アミダトラストのことを知って、アムステルダムからやってきて、探し当てたら夜中になっていました。寒さは平気なので、玄関先で寝ていたのだといいます。精神的に苦悩する人びとを受容し続けているデビッドの西洋批判には厳しさがこめられています。

理詰めな解説にくたびれない人びと

ワークショップというのは、ドイツの人びとが高度な職人技術を伝えるために昔やっていた泊まり込みの研修会からとった呼び名で、実践的研修を意味します。ところが、この仏教セラピーのワークショップは理詰めな解説が延々と続いています。しかも、人びとは熱心に討論を展開し、くたびれることがありません。日本では見られない光景に驚き、感心し、あきれはてて、イギリス人を実感しました。

「妙好人《みょうこうにん》」の解説は分かりやすかったです。サラエボの人びとの苦悩は、「人間がこんな残酷なことができるなんて信じられない！　そして、その人間の姿を体験的に刻み込んでしまって逃れられない！」というところにあります。その人びとが、長い飢餓状態を生き抜いて、キャベツを育てました。キャベツをかざして、「ほら、素晴らしいでしょ」と微笑む姿には、真の人間性が輝いています。その姿こそ、妙好人の姿であり、仏教の捉える人間性なのだという解説です。

「無為」をヨーロッパ人が理解できるのでしょうか。ひとりの人が、ある物を見る。りんごでも何でもいい。そのとき、甘酸っぱい感じで見たりしています。でも、その感じはりんごの本質ではありません。自分の感じる甘酸っぱい感じを追求すると、それは自分を追求しているだけで本質を見失います。本質はりんご本体にあります。セルフを入れこまないで物そのものを見るのが無為です。

デビッドの解説が続いているのに質問が飛びます。「それでは、幻想を見ていることになりませんか」。愉快な質問です。そう言われれば、そう質問するのも分かります。日本人なら、ともかく終わりまで聞くのですが……。「私」というものから自由になる点がもの凄い議論になり、メモを見ても結論があったのかどうか判然としません。

「自分を無にして、相手に集中して聞く」。この解説には、デビッドも考えたのか、すごい例が使われます。拷問を受けた人のためのカウンセリング実践例です。拷問の苦しみを語っても語っても語りきれないクライエントに共感するのには、自分を無にしないと共感などできはしません。

また、カウンセラーの思いなど入れこんで相手を理解しようなどとしたら、相手の人格に対する侵入になり許されないというのです。ロジャーズ理論は、現代的テーマを援助する手段として活用されていることを生々しく知らされて、ショックを覚えます。私たち日本のカウンセラーには見えてない領域がかなりあります。

道元の語った「アウェイ・away・自分から離れる」ということが解説されていきます。私たちはパッションを持っています。自分の持つパッションを大切にしています。でも、その情熱から離れて、距離を置いて、相手と共にいる大切さです。カウンセラーの側がセルフ（自己）から抜け出して真実な自分として共にいることが、心理療法に役立つという解説です。

「クライエントが自然に持ち出してきたテーマをそのままに受け止めること」。西洋的理解は、整理された形で自分が持っている枠組みで相手を受け止めます。そうではなくて、クライエントの持ち出すものを、何でもかんでも受け止めます。もっと話してくださいと受け止めます。クライエントの自然のエネルギーを尊重するのです。そうすると、クライエントに抵抗が生じず、カウンセリング展開が早いのです。

レイプ被害者カウンセリングの例が出されます。ともかく何でも話してもらいます。話したいだけ話してもらいます。その人が再び人間らしい気持ちに立ちもどって歩み出すのを確認するまで支えていくのです。クライエントが精神的に病的な次元にいたとしても、病気のパラダイムにとどまってその人を理解することはしません。そういう風に見ないで、共に歩み続けます。

安心の境地を、仏教思想に確認し、感謝を感じる人びと

イギリス人はアプリシエイト（感謝して受け止める）という表現が大好きです。デビッドの話にもこの表現が頻繁に出てきました。私がアプリシエイトという言葉の意味を本当に理解できたと感じたのは、ダイアナ妃のお葬式のときでした。お母さまが「この素晴らしい娘が、私たちの所に生まれてきたことを神様にアプリシエイトします。感謝して、あなたのところにお返しします」という祈りを捧げるのを聞いたときです。

仏教に何かを期待しているカウンセラーやセラピストと体験を共にして、それが何かを考え続けて、「大安心」という仏教が提供しようとする境地のことが浮かび上がってきました。この境地を提供する仏教を、アプリシエイトしているように私には感じられました。

大安心の境地は、もう三十年以上もエンカウンター・グループ実践を共にしている大須賀発蔵さんから教えていただきました。ひとりの人が、もうひとりの人に、安心の境地を提供できるなんておこがましくて言えることではありません。でも、苦悩のなかから大安心の境地までへこたれないで歩み続けた人間がいたことを、論理的に確認することが、ヨーロッパのカウンセラーにとっては、苦悩に満ちた現代をクライエントと共に歩み続けるエネルギーを提供されることなのではないでしょうか。方法論を編み出す力は豊かに持っている人びと実践基盤を提供されることなのではないでしょうか。方法論を編み出す力は豊かに持っている人びとなので、デビッドのような堅実な実践展開が生まれていくことは間違いありません。

ハワイ大学のバーバラさんが、目を輝かせながら「ハワイ島で、ステキな癒やしの場を作ってみたいわ」と言いました。ロンドン大学で活躍しているセラピストの女性が、大賛成と喜びます。英国のカウンセラー組織は巨大になって官僚臭くなり、カウンセリングの短期化を政府から要請され苦労が大きいとのことです。私は、精神的に燃え尽きそうな日本のサラリーマンを受け止めてほしいと思いました。ハワイ島とは、夢があります。そこに、大安心を感じることのできる場があったら、助かる人がどんなに多くいるか知れません。

赤くなって考え抜く

イギリス人の白い肌のすぐ下には、寒さを生き抜くための強固な毛細血管でも張りめぐらされているのでしょうか。分からない分からないと何度も質問をくり返していた女性が、懸命に考えるうちに桃色になってしまいました。ちょっと心配になりましたが、すぐ無用なのが分かりました。ともかく、素朴に頑張る姿がすがすがしく感じました。

彼女の驚きと抵抗感は、セルフを強調しないばかりか、セルフをちょっと横に置いて相手を受け止めるという論理にあります。西洋人には当然の抵抗だと思います。彼女のおかげで、西洋的思考展開を目の当たりにすることができました。カウンセラーが自分のことなんか忘れて人と関わるなんて無理じゃないかと、彼女は全存在をかけて食い下がったのです。

西洋的強固な自己と、仏教思想の出会いは、実践を進めるといろんなことが見えるチャンスを与えてくれるかも知れません。グローバルな時代は、面白そうです。

それにしても、桃色になっても自分の疑問をあくまでも大切にする姿には、日本人として大きな学びをもらった気がします。

この人は、とうとう最後まで桃色が消えませんでした。分かったとは言いませんでした。でも、体験的学びを一番得たのはこの人かも知れないと思います。全身全霊で考えるというのは、素晴らしい気づきを生み出すことが多いからです。

イングリッシュ・ティーと茶道

ワークショップが四時で終わり、道案内をしてくれたジュディーさんとローラさん宅を訪ねました。赤穂のフォーラムに参加された女性カウンセラー宅です。

家のサイズが小さくて可愛らしく、ノックすると、二匹の猫とローラさんが現れました。ちょっぴり、メルヘンチックです。ローラさんは小柄でころころ太っていて、金茶色の猫は気品を漂わせています。猫好きのジュディーさんは、猫と遊び始めました。

通された部屋は庭の見える可愛らしい居間で、ティーのテーブル・セッティングがしてあります。私は日常そのままの気取りのない雰囲気に包まれて、嬉しくなりました。

「これは、グランニー（おばあちゃん）からもらったの」

「おばあちゃんの生まれたお祝いのセットらしいの」

ローラさんとジュディーさんは、お皿やコップをひっくり返して、裏に書かれた小さな字を読んでいます。メアリー女王朝様式のセットらしいです。ポットはもちろん、ケーキ皿からミルク入れなどすべてがセットになっています。あまり見たことのない花柄で、薄くて軽くて持ちやすいのです。ティーポットは、可愛らしい毛糸編みの服を着ています。クライエントのお母さんからプレゼントされた作品とのことです。

ローラさんは、ケーキが買ったものであることを詫びました。どうやら、手作りでもてなすものらしいです。お茶を飲む前にゆっくり器を鑑賞する流れに、私は茶道を思い出しました。ティーポットは服を着ていて冷えません。イギリス風の濃いティーになります。ともかく、すべてがすごくのんびりしています。めったに出したことがないというセットを用意してのもてなしが嬉しく、一杯のお茶が人をなごませる威力を感じました。

素晴らしい風習だと思います。インドとの交流が活発になって、お茶が家庭に行きわたってから生まれたはずですから、日本の茶道と同じ頃生まれたことになります。

ローラさんは、すっかり日本通になっていました。

「ワールドカップ応援で日本に行くサポーターが、魚料理しかないからマクドのハンバーグでしのぐって言うのをテレビで見たわ。日本を知らないんだから！」

次から次へと話がはずみ、あっというまに二時間たってしまいました。外に出ると六時が過ぎたのに、空が薄墨色で、夜長シーズンが終わっていたのに気づかされました。

泥臭いって、豊かなこと

西洋とはまったく異次元の日本の禅仏教に何かを探すイギリス人カウンセラーに、何かを超えた憧憬のまなざしを感じてなりません。それは、近代化を創出した人びとが脱ぎ捨てざるを得なかった生き様を探すまなざしなのだと思います。日本人は、近代化をなしとげ安定した社会を作ったのに「神は死んだ！」なんて言わず、仏教が昔のままに生きています。あまりに一方的解釈ですが、かつて日本人が西方浄土を憧憬したように、必死に模索しているのを感じます。恐ろしい大量殺戮兵器を生み出す西洋パラダイムを克服しようとしています。そう思えてなりません。

澄みわたった求道者の目で、私たちの生き様を見つめられたら、がっかりさせてしまわないでしょうか。

春が来て、ケンブリッジ郡の人びとは泥とたわむれ、花作りに熱中しています。イギリス人は近代科学を生み出し産業革命を行ないましたが、泥とたわむれることを手放しませんでした。泥を汚いなんて感じません。泥は一生のお友達なのです。私はそこに何ものにも代えられない貴重な宝を見る思いがします。

人間関係は、泥だらけになって築くものです。きれいにスマートに築けるものではありません。泣いたり笑ったり、意地悪したりされたり、痛めつけたりつけられたりしながら築くものです。イギリスの人びとは、泥だらけになりながらも笑いを忘れず骨太に取り組む力がありそうです。

澄みわたった目で見つめられることを恥じる必要はないかも知れません。この人たちなら、日本の隅々に残る泥臭い生き様のなかに宝を見出してくれそうです。私たちにとっても、文化が交流することで見えてくることも多いに違いありません。

おわりに

心をこめて書き上げた本書を出版することができて、感謝でいっぱいです。本が売れないと言われる時代に、出版を引き受けていただいた誠信書房に心からお礼を申し上げます。特に、原稿を入念にチェックしていただいた松山由理子さんに感謝を表します。

それから、イギリスで出会った数え切れない人びとの好意により本書を書き上げることが出来ました。心からお礼を申し上げます。

表紙と本文の扉の薔薇は、高校時代に共に学んだ宮本律子さんの作品です。使わせていただいたことを心から感謝します。

最後に、本書を手に取っていただいた読者の方に、感謝します。ありがとうございました。

二〇〇四年五月

畠瀬直子

著者紹介

畠瀬直子（はたせ　なおこ）
1940年生まれ
1964年　お茶の水女子大学家政（児童学）学部卒業
1972年　京都大学大学院教育学研究科博士課程単位取得退学
現　在　関西大学文学部教授
専　攻　臨床心理学，カウンセリング心理学
著訳書　C・ロジャーズ『人間尊重の心理学』創元社　1984，『カウンセリングと「出会い」』創元社　1991，『ちいさな心がふくらむとき』佼成出版社　1994，『悲しみに寄り添うカウンセリング』大日本図書　1997，カーシェンバウム・ヘンダーソン『ロジャーズ選集』（下）誠信書房　2001.

暮らしに生かすカウンセリング
——ロジャーズ派カウンセリングの英国から

2004年6月25日　第1刷発行

著　者　畠　瀬　直　子
発行者　柴　田　淑　子
印刷者　井　川　高　博

発行所　株式会社　誠　信　書　房
〒112-0012　東京都文京区大塚3-20-6
電話　03 (3946) 5666
http://www.seishinshobo.co.jp/

末広印刷　協栄製本
検印省略

Printed in Japan
ISBN 4-414-40357-X　C1011

食べ過ぎることの意味

G. ロス著

斎藤　学監訳・佐藤美奈子訳

●過食症からの解放　自らも摂食障害に悩みそれを克服してきたセラピストである著者による，時に深刻で，時にユーモラスな，体験的摂食障害克服の記録。過食から解放されるまでの日常生活の支持，方向性，励ましを得るためのガイドブックとなっている。

人生の虚しさを忘れるために食べ物を利用しているあなたに

食べたいものを好きなだけ食べることに罪の意識を持っているあなたに

空腹という感覚を忘れてしまったあなたに

本書は，過食や無数のダイエット法からあなたを解放し，自分自身を取り戻す具体的なガイドブック。

目　次

四六判上製376P　定価2415円(税5%込)

著者紹介

摂食障害の分野の講演・著作で国際的に著名なセラピスト。1979年以来，全米規模で開催されている「解放ワークショップ」の創設者。テレビやラジオのゲストとして活躍し，『タイム』や『ニューウーマン』『ミズ』の雑誌にも執筆。

監訳者紹介

1941年，東京生まれ。慶應義塾大学医学部卒業。精神科医。東京都精神医学総合研究所研究員を経て，現在，家族機能研究所代表。

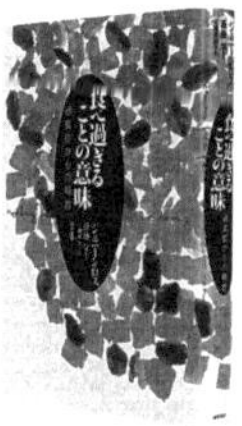

誠信書房

WISDOM OF THE HEART
女性の夢
こころの叡知を読み解く

ユング
そのイメージとことば
C.G. Jung
Bild
und
Wort